예산 따라 선택하는 30PY 아파트 인테리어

삶을 더욱 특별하게 해주는 공간 제안, 리모델링 가이드북

주식회사 **주택문화사**

예산 따라 선택하는
30PY 아파트 인테리어

초판1쇄 발행	2017년 6월 3일
초판5쇄 발행	2021년 10월 5일

지은이	최미현

발행인	이 심
편집인	임병기
편집	이세정, 김연정
사진	최지현(10p, 26p, 40p, 164p, 188p 사례) / 나머지 각 사례별 협조
디자인	studio ROUNDED
마케팅	서병찬, 장성진
관리	이미경

출력	삼보프로세스
용지	영은페이퍼(주)
인쇄	북스

발행처	㈜주택문화사
출판등록번호	제13-177호
주소	서울시 강서구 강서로466 우리벤처타운 6층
전화	02-2664-7114
팩스	02-2662-0847
홈페이지	www.uujj.co.kr

정가 16,000원
CIP 2017012255 (http://seoji.nl.go.kr)
ISBN 978-89-6603-035-4

이 책은 저작권법에 의하여 보호를 받는 저작물이므로 무단전재와 복제를 금합니다.
파본 및 잘못된 책은 바꾸어 드립니다.

예산 따라 선택하는
30PY 아파트 인테리어

prologue

나는 집순이다.
　20대부터 시작된 기자 생활로 여기저기 돌아다녀서인지 아니면 집에 머무는 시간이 적어서인지 짬만 나면 집에서 위안을 얻고자 했다. 대학 시절에는 기숙사에서 졸업 후에는 자취방에서 비록 근사하진 않았지만, 내가 좋아하는 책과 음반 그리고 영화에 둘러싸여 있는 작은 공간이 그리 좋았다. 음악과 영화를 좋아하는 신랑을 만난 덕분에 결혼 후에도 집순이 기질을 고수할 수 있었는데 그 공간이 좀 더 업그레이드되었다. 그럴싸한 오디오 시스템을 갖춘 거실과 아늑한 서재 그리고 독서를 위한 작은 공간. 그야말로 우리 성향에 특화된 그런 집이었다.
　결혼 전에는 재즈바와 북카페에서 주로 데이트를 했었다. 그곳에서만 맛볼 수 있는 분위기, 그 안에서의 시간이 참으로 낭만적이었던 것으로 기억된다. 하지만 결혼 후 아이가 태어나자 상황은 달라졌다. 육아휴직과 함께 시작된 생활에서 낭만이 자리할 곳은 없었다. 언제 어디서나 아이와 함께했다. 데이트는 고사하고 외식 한번 하려 해도 만만치 않았다. 그러던 어느 날 문득 든 생각. '집에서 즐기자, 예전처럼 즐기자'. 성능 좋은 오디오로 음악을 들으며 아이를 안고 춤을 추었다. 즐겨 찾던 서재에 앉아 아이에게 책을 읽어 주었으며, 아이가 자는 시간에는 이어폰을 꽂고 달콤한 영화 감상시간도 가졌다. 군더더기 없이 꾸민 주방에선 차를 마시며 휴식을 가졌다. 좋아하는 것들을 집에 두니, 집에만 있어도 지루할 틈이 없었다. 이 시간들이 아이에게도 나에게도 또 남편에게도 긍정적으로 작용했으리라.

집에 대한 무한 애정.
　비단 나의 이야기만이 아니다. 이 책에 소개된 20곳, 그 집에 살고 있는 이들 역시 간직하고 있는 이야기다. 이제 집은 밥을 먹고 잠만 자는 공간이 아닌, 자신만의 라이프스타일을 담아 기능성을 극대화한 프라이빗한 공간으로 진화하고 있다. 천편일률적인 아파트 평면을 지양하는 '핏 사이징' 아파트가 주거 시장의 새로운 트렌드로 떠오르고 있는 것만 봐도 그렇다. 불필요한 공간은 줄이고 필요한 공간은 최대한 확보하는 설계를 의미하는 핏 사이징. 삶의 질이 보장되는 '적정 공간'을 찾는 이들이 늘어나고 있다는 뜻이다. 이렇게 집에 대한 인식이 달라지고 있지만 우리는 여전히 단조롭고 보편적인 평면 위에 살고 있다. 트렌드는 알지만 물건 사듯 쉽사리 집을 바꿀 수는 없지 않은가. 그렇다면 답은 하나다. 남들과는 다른, 우리 가족의 라이프스타일을 담은 인테리어에 도전하는 것이다. 평면이 같다고 사는 것도 비슷할 필요는 없다. 예산이 적으면 적은 대로, 많으면 많은 대로 형편껏 자유롭게 공간을 꾸며보는 거다.

집을 리모델링하고 싶지만 막상 어디서부터 어떻게 시작해야 할지 모르는 이들의 입장에 서서 이 책을 준비했다. 예쁜 집들을 보고 감탄하기는 쉽지만, 정작 내 집 고치는 일은 수월치 않다는 걸 느끼는 순간순간이었다. 그러기에 이 책이 보다 쉽게 그 첫발을 내딛게 해줄 것이라 믿어 의심치 않는다. 어찌 보면 이 책은 바쁜 현대인들을 위한 인테리어 가이드북이다. 매일 야근에 시달리는 직장인들로 가득한 이 땅에서 여유롭게 셀프인테리어를 할 수 있는 이들이 얼마나 될까. 직접 목공도구를 손에 쥐지 않고도 내가 원하는 대로 평면을 스타일링 할 수 있는 다양한 방법을 다루고자 했다. 그렇기에 많은 시간과 공을 들여 완성해야 하는 셀프인테리어보다는 누구나 손쉽게 도전할 수 있는 홈드레싱과 직영공사를 통한 반셀프인테리어 그리고 인테리어 디자인 업체를 통한 시공 사례를 중점적으로 다뤘다. 웹서핑만으로는 알 수 없는 실 사례들과 전문가들의 조언들이 이 책에 담겨 있다. 특히 국민평수라 일컫는 30평형대의 다양한 평면의 변화와 각양각색의 인테리어 스타일 그리고 적은 비용에서부터 큰 비용을 들인 집까지, 최대한 다양한 사례를 담아보고자 노력했다.

아파트 20채, 저마다의 사연이 담긴 인테리어 공간 제안.
그 속에는 전문가들의 놀라운 아이디어가 곳곳에 담겨 있다. 비록 전체를 담아갈 순 없더라도 작은 아이디어 한두 가지만이라도 얻어갈 수 있다면, 그리고 그로 인해 집에 머무는 시간이 즐거워진다면, 바로 그것이 지면을 통해 전하고 싶은 저자의 마음이다. 이 책을 접하는 모든 이들이 '행복한 나의 집'을 갖게 되길 소망한다.

contents

30PY INTERIOR STYLE 1 내 능력껏 인테리어하다

- *10* 110㎡(32PY) 반셀프 인테리어로 얻은 모던 하우스
  김민주's 반셀프 공사 어드바이스
- *26* 100㎡(30PY) 새집의 절약형 디자인을 제안한다
  박진숙's 홈드레싱 어드바이스
- *40* 109㎡(33PY) 셀프 인테리어, 잡지 속 그 집처럼
  이현정's 벽면 페인팅 어드바이스

30PY INTERIOR STYLE 2 고수의 힘을 빌려 인테리어하다

- *56* 112㎡(34PY) 우아한 현대미를 위한 제안, 모던클래식 인테리어
- *68* 109㎡(33PY) 가족의 눈높이에 맞춰 완성된 신축 아파트
- *80* 105㎡(33PY) 낡은 아파트의 심플 하우스 재탄생기
- *92* 105.78㎡(32PY) 오롯한 휴식을 주는 나의 집
- *104* 107㎡(32PY) 자동차 디자이너의 퇴근을 부르는 힐링 하우스
- *116* 102.5㎡(31PY) 다양한 마감재와 컬러가 공존하는 감각적인 집
- *128* 112㎡(34PY) 어번 하우스 디자인으로 한층 넓어진 거실
- *140* 115.7㎡(35PY) 짜임새 있는 공간분할 아파트 개조기
- *152* 115.7㎡(35PY) 인테리어 디자이너의 상상 속의 공간

164	102.46㎡(31.9PY) 노몰딩 바탕에 군더더기가 사라진 집
176	109㎡(33PY) 현재와 미래, 두 개의 설계도로 계획된 집
188	106㎡(32PY) 리조트 호텔을 옮긴 듯, 클래식 모던 스타일의 완성
200	112.4㎡(34PY) 따스한 온기를 품은 자연을 닮은 내 집
212	108㎡(33PY) 중고생 자녀와의 소통의 공간
224	102.47㎡(31PY) 공간의 재구성을 시도한 경쾌한 패턴의 집
236	125.6㎡(38PY) 프라이빗한 2세대 공간 제안
248	112.4㎡(34PY) 따로 또 같이, 부부의 취향을 담은 집

INFO

262	알아두면 쉬워지는 리모델링 A to Z
268	리모델링 Q&A, 인테리어 전문가에게 듣는다
274	손쉽게 따라해 보는 스타일별 자재매치
276	이케아 주방가구 자가 설치를 위한 '꿀팁'
282	*DIY* 이 정도는 해보자, 짬 내서 하는 집수리
	실리콘 처리하기/커튼봉·블라인드 설치/갤러리처럼 액자 걸기/방문 손잡이 교체/낡은 방충망 갈기/전기 스위치 및 콘센트 교체
300	생활을 바꾸는 아이디어 용품
	나만 알고 싶은 철물 하드웨어/알면 이득, 다재다능 페인트

30PY INTERIOR STYLE

1

내 능력껏 인테리어하다
반셀프(직영공사)·홈드레싱

- 3천 만원 미만
- 내 힘으로
- 예산 절약
- 실력 발휘

공사의 시작과 끝은 내 손으로
반셀프 인테리어로 얻은 모던 하우스

110㎡

아는 것이 힘이라고 했던가. 인테리어 하면 그저 잘 꾸며진 완성작만 떠올리는 이들과는 차원이 다르다. 만들어지기까지의 작업 프로세스가 머릿속에서 정리된다는 김민주 씨. 그러했기에 모든 걸 뜯어내고 시멘트만 남았던 공간을 이토록 멋지게 재구성할 수 있었을 것이다. 이렇게 되기까지 얼마나 많은 공부를 했던가. 예산의 벽에 부딪혔기에 초인적인 능력을 발휘할 수 있었다는 그녀의 집 이야기.

story 첫 신혼집은 전세였다. 취향껏 집을 꾸미고 싶었지만 내 집이 아니기에 참고 참았다. 그러다 남편이 장기 해외출장을 간 사이 덜컥 집을 계약했다. 무리를 했기에 여유가 많지 않았다. 허나 원하는 스타일로 공사를 하려고 견적을 받아보니 5천만 원 이상을 불렀다. 포세린 타일 바닥에 폴딩도어 그리고 무광도어 주방. 반드시 실현하고 싶은 목록이었다. 입주까지 남은 시간 10개월, 반셀프 공사를 결심하고 공부를 시작했다. 참고할 이미지도 찾아보고 공정에 대한 공부에서부터 자재도 꼼꼼히 체크하며 기록해나갔다. 또 현장에서 일하는 작업 용어도 하나씩 익혀나갔다. 시공별 업자 선별은 셀인(셀프인테리어) 카페에서 추천 받아 결정했다.

point 심플한 집, 그래서 오래 두고 보아도 질리지 않는 집. 이것이 그녀가 원했던 집이었다. 또 모든 공간에 발길이 자주 닿길 바랐다. 그래서 공간을 부부 침실과 아내의 취미실 겸 드레스룸, 남편의 서재 겸 드레스룸으로 나눴다. 집안은 화이트와 그레이로 저채도 컬러를 사용해 실패 확률을 낮추고 대신 디자인 소품으로 포인트를 주기로 했다. 꼭 하고 싶었던 포세린 타일 바닥과 폴딩도어를 시공하고 무광도어의 주방가구도 제작했다. 그리고 이것을 중심으로 주변이 어우러질 수 있도록 했다. 목공사를 할 때는 기존의 가구와 동선 그리고 조명까지 고려하되 두께감, 길이감, 마감 등을 꼼꼼히 노트해둔 후에 진행했다. 또 힘을 줄 때와 뺄 때를 결정했다. 무리하면 예산 오버로 이어지기 때문에 붙박이 등의 가구는 철거하지 않고 필름지로 감싸 분위기를 맞추는 선에서 끝냈다. 반셀프는 정말 힘든 작업이었다. 돈도 생각보다 많이 들어갈 뻔 했으나 살릴 수 있는 자재와 가구는 모조리 살리고 눈치껏 부탁하면서 최대한 아껴서 진행했다.

현재 그녀는 단계별 작업 공정과 비용절감 팁 그리고 인테리어 콘셉트 도출 방법에 대해 개인 또는 그룹별 셀프인테리어 원데이클래스를 진행하고 있다. minjooart@gmail.com, blog.naver.com/ssony50

entrance
현관

다소 좁은 공간이지만 올 화이트로 심플하게 연출해 답답하지 않다. 서브 수납장과 둥근 거울 그리고 평범하지 않은 바닥의 육각타일에서 집주인의 센스가 묻어난다. 사실 수납장은 벽지 손상으로 인해 어쩔 수 없는 선택이었지만, 포인트 역할을 톡톡히 하는 중이다.

타일 육각타일 **거울** 이케아 LANGESUND **수납장** 이케아 STALL
중문 폴딩테크 여닫이 중문 **조명** 리츠 1등 현관조명(센서)
신발장 필름지(화이트) 시공

before

after

평형 110㎡(32py)

공사 범위 철거, 도배 공사, 페인팅, 가구 및 샤시 필름지 작업, 타일 공사, 전기배선 공사, 조명 설치, 목공사(선반, 가벽, 시시시, 문선변경, 책상, 침대 뒤편 간접조명, 폴딩도어 프레임, 평천장), 폴딩도어 설치, 중문 설치, 주방 가구 제작

비용 2천6백만 원

DESIGN blog.naver.com/ssony50

시공 직영공사

living room
거실

포세린 타일로 마감한 거실 바닥. 미끄럽지도 너무 차지도 않은 감촉이 만족스럽다. 단색의 넓은 포세린 타일의 단조로움은 러그나 소파, 화분 등으로 포인트를 주면 쉽게 해결할 수 있다. 기본에 충 실하자는 생각에 과한 꾸밈보다는 필요한 것만 최소한 갖춰 심플함에 주력했다. 머물고만 있어도 마냥 좋은 공간. 소파 위 갤러리 액자는 대리석 시트지를 넣어 직접 만들었다.

벽 LG하우시스 DID 벽지 **바닥** 포세린 타일 601515N
소파 H.MONDO LUCCA소파 **스탠드** 고속터미널 지하상가 구입
테이블 H.MONDO MUTE 티테이블 **조명** 솔라루체 면조명 **액자** 직접 제작

balcony
발코니

부부가 홈카페라 부르는 이곳. 거실과 같은 높이로 단을 올리고 포세린 타일로 마감, 6인용 테이블을 놓아 카페처럼 근사한 다이닝 공간을 만들었다. 비용과 난방을 고려해 베란다는 확장하지 않고 폴딩도어를 설치했다. 채광이 좋은 남향집이라 평소에 폴딩도어를 활짝 열어 거실처럼 이용하고 있다. 추운 날이나 밤에는 문을 닫아서 온기를 유지할 수 있으니 만족스럽다. 발코니에 놓인 다양한 크기의 초록이들 덕분에 집안에 온통 생기가 넘친다.

테이블&의자 리바트 스테리오 6인 식탁 및 벤치
조명 요조비 펜던트 조명 **폴딩도어** 폴딩테크 폴딩도어

kitchen
주방

거실과 주방 사이에 내력벽이 있어 공간이 완벽히 분리된 구조. 주방의 살림살이가 보이지 않아 깔끔한 반면 자칫 답답한 느낌이 들 수 있어 중간에 창을 만들었다. 창 안에 시공된 망입유리는 포인트 요소. 베란다에 6인용 테이블을 두는 대신 주방에는 평소 간단한 식사를 할 수 있도록 아일랜드 조리대 겸 식탁을 뒀다. 서랍식으로 되어 있어 수납 활용도가 높다.

꼭 하고 싶었던 무광도장 다크그레이 도어의 싱크대. 은은한 갈색톤이 도는 블랙 대리석 상판과 어우러져 차분하고 고급스러운 느낌이다. 아일랜드에 인덕션이 있어 환풍 통로 확보를 위해 추가 공사가 필요했지만 탄소필터를 장착한 엘리카 후드를 설치해 간단히 해결했다. 주방의 남는 벽에 걸어둔 타공판은 자잘한 주방 소품들을 수납할 수 있어 유용하다.
타일 그레이 유광타일 **싱크가구** 디자인 제작 **아일랜드 식탁** 디자인 제작 **아일랜드 식탁 후드** 엘리카 후드 **원목 수납장** Basic09 사이드보드장 **의자** 이케아 DALFRED **냉장고** SMEG FAB28 Black

tip

1 **추천 사이트 및 샵**
고속터미널 경부선 3층 상가 (인테리어 소품, 조화 판매)
스칸디나비아디자인센터 www.scandinaviandesigncenter.com (북유럽 리빙 제품 직구사이트)

2 **버려지는 공간을 없애려면**
누구나 원하는 공간 하나씩은 있기 마련이다. 집에 들어갈 가구와 원하는 공간을 여러 방식으로 조합하다보면 버려지는 곳 없이 개개인이 만족하는 장소가 탄생한다. 이 집 역시 남편과 아내가 드레스룸을 함께 사용해야 한다는 편견에서 벗어나자, 아내의 취미실과 남편의 서재 둘 다 만족스러운 공간을 얻었다.

bedroom
침실

오롯이 휴식만을 위한 공간으로 전체적으로 컬러 톤을 낮춰 안정감을 주었다. 머리맡에 설치한 간접조명 덕분에 은은한 분위기가 더욱 살아난다. 침대 옆에 스위치가 있어 누워서도 온오프가 가능한데, 목공사를 할 때 직접 위치를 지정했기에 가능했던 일이다. 간접조명 박스는 페인팅 대신 벽지로 감싸 비용을 줄였다.

벽 LG하우시스 DID벽지 **바닥** 포세린 타일 601515N
침대 Basic09 티크 침대 **조명** VITA EOS 펜던트 조명

bathroom
욕실

입구 쪽에 있는 공용 욕실은 리드미컬한 무늬의 타일로 재미를 더했다. 욕실 상단 부위에만 패턴 타일을 시공해 경쾌하고 가벼운 느낌을 연출했다. 욕조 옆으로는 유리 파티션을 설치해 물이 튀는 것을 방지했다.

타일 구스토 타일, 크레모나B, 9109
위생도기 대림바스 258(변기), 이누스 932(세면기)

study room
서재

남편을 위한 드레스룸 겸용 공간. 쉽게 어질러지는 책상 위를 매번 신경쓰느니, 차라리 가려버리자는 생각에 책상 옆으로 가벽을 설치했다. 책상 위에 널린 책과 용품들이 보이지 않아 좋고 유리창 덕분에 그다지 답답한 느낌도 없다. 게다가 벽이 감싸주는 안정감은 덤이다.

벽 LG하우시스 DID벽지 **바닥** 포세린 타일 601515N
펜던트 이케아 HEKTAR 그레이 펜던트 조명
책상 & 의자 리바트 Wien 1700 책상 & 퍼시스 의자 **CD랙** 이케아 GNEDBY
붙박이장 필름지 시공 **옷장** 한샘 샘베딩 옷장

자투리 공간에는 CD랙과 거울을 뒀다. 옷을 갈아입을 때 전신 거울로 비춰볼 수 있어 유용하다.

취미실 한 켠에는 기존에 파우더 공간이었던 곳을 철거해 미니 서재를 만들었다. 선반 세 개만으로 심플한 책상과 책장이 완성됐다. 곳곳에 식물을 배치해 공간이 한층 살아난다.

room
취미실

평소 레고 조립과 독서를 좋아하는 아내를 위한 좌식 공간. 인터넷으로 무늬목 평상형 침대를 검색해 겨우 획득했다. 손님이 오면 침대로도 사용할 수 있어 활용도가 높다. 한쪽 벽면 전체에 붙박이장을 시공해 아내의 드레스룸으로도 사용된다.

벽 LG하우시스 DID벽지 **바닥** 포세린 타일 601515N
저상형 침대 메유스 디자인 제작 **수납선반** 목공 제작
펜던트 LIMAS Flat 펜던트 조명 **거울** 동네 벼룩시장 **액자** 직접 제작

평상 위 그림은 캔버스 위에 직접 유화로 그린 것. 단순한 그림이라 누구나 쉽게 시도할 수 있다.

powder room
취미실 파우더룸

기다란 선반 하나와 거울 그리고 조명만으로 화사한 파우더룸이 만들어졌다. 넉넉한 아래 공간에는 수납함을 둬 자질구레한 짐을 보관할 수 있다.

bathroom
취미실 욕실

벽돌을 조적해서 쌓은 아내만을 위한 공간이다. 블랙과 화이트의 조합으로 심플하게 꾸미되 모던한 디자인의 거울과 수납장, 조명의 선택으로 포인트를 주었다. 자칫 밋밋해 보일 수 있는 화이트 벽면에 그레이 컬러가 재미요소로 작용한다.

타일 그레이, 화이트 유광타일 **펜던트 조명** 블랙 빈티지 망 펜던트 **거울** 이케아 블랙거울 **수납장** 카비원 스마트블랙 상/하단장 SET **위생도기** 대림바스 258(변기), 이누스 932(세면기)

advice
김민주's 반셀프 공사 어드바이스

"반셀프 인테리어는 생각보다 힘들어요. 그리고 예산보다 오버될 수 있는 상황이 얼마든지 발생합니다. 책임져줄 업체가 없기 때문에 스스로 아는 만큼 하자 발생을 줄일 수 있다는 걸 기억하세요."

반셀프 인테리어의 시작, 체크리스트 10

1 반드시 해야 할 것 리스트부터
나의 필수 리스트는 포세린 타일 바닥과 폴딩 도어, 주방의 무광도어 가구였다. 업체에 맡기자니 예산이 턱없이 부족해 반셀프 공사를 택하게 됐다. 꼭 해야 할 부분을 제한 나머지는 조금 저렴한 자재를 택하거나 포기함으로써 정해진 예산을 맞출 수 있었다.

2 우리 집에 맞는 시공순서 짜기
시공하는 범위에 따라 약간의 차이가 있을 뿐, 순서는 대부분 비슷하다. 이 집의 경우 철거—조명 배선(목공사와 연계해서 진행)—목공—인테리어 필름—페인트—타일 공사—도배—폴딩도어—중문—조명 설치 순으로 진행됐다. 일정이 꼬이면 공사 일정이 늘어지거나 미리 진행된 마감이 엉망이 될 수 있으므로 주의한다.

3 철거 시 무엇을 남기고 무엇을 제거할 것인가
도면으로 보여주던 그림을 그리던 최대한 자세하게 작업 내용을 전달해야 한다.

4 최상의 벽 상태를 위해 철거도 조심조심
마감에 따른 벽 상태의 중요도는 페인트 〉광폭합지벽지 〉타일, 나무의 순이다. 최상의 벽 상태 유지를 위해 철거 시 어떤 마감을 할지 철거 작업자에게 전달한다.

5 목공사의 디테일은 모두 내 머릿속에
현장에서 작업자가 치수는 몇인지, 마감은 무엇으로 하는지 등 끊임없이 물어보기 때문에 모든 것들이 내 머릿속에 있어야 한다. 특히 어떤 마감재를 쓰느냐에 따라 끝단 처리가 달라지므로 반드시 체크한다. 정확한 사이즈와 마감처리 방법까지 모두 내 몫이다.

6 전기 배선 위치, 사전에 꼼꼼히 확인해야
보통 목공사와 배선 작업이 동시에 이루어지므로 사전에 전기 배선 위치를 결정, 공사 전 작업자들과 공유해야 한다. 특히 깔끔한 마무리를 원한다면 반드시 확인한다.

7 공사 전 전문가들의 조언은 필수
공사 전 현장 경험이 풍부한 인테리어 업자들에게 최대한 많이 물어보고 조언을 얻는 것이 중요하다. 실제로 원하는 스타일의 집 사진을 보여주고 작업 진행을 어떻게 하는 것이 유리한지에 대한 조언을 많이 받았다.

8 바닥 높이에 맞춰 방문도 잘라야
타일을 깔 경우 바닥 높이가 달라질 수 있기 때문에 방문의 길이도 체크해둔다. 타일 시공은 목공사 후에 이뤄지므로 목공사 시 미리 방문을 잘라놔야 일정이 틀어지지 않는다.

9   필름, 공사 중 흠집도 AS 가능?

필름의 경우 공사 중에 흠집이 생길 확률이 높으므로 AS가 가능한지 시공 전에 확인하고, 공사가 끝나면 한 번에 AS를 부탁하도록 한다.

10   알아야 제대로 보상 받는다

일정이 조금 꼬여 도배를 마친 후에 타일이 들어왔는데, 눈앞에서 타일이 쏟아지면서 벽지가 찢기는 불상사가 발생한 적이 있다. 반셀프의 경우 문제 발생 시 보상 받기 힘들기 때문에 현장에서 관리 감독하는 것이 안전하다.

나, 이렇게 해서 공사비 아꼈다

1   철거를 한 번에 끝내야 한다는 고정관념에서 벗어나자

한꺼번에 모두 철거하지 않아도 된다. 조명은 전기 공사를 할 때 전기 기사에게 부탁을 하고, 주방 역시 주방가구 업체에게 미리 상의하면 대부분 철거를 해준다. 또 화장실은 덧방 시 타일을 시공하는 분께 말하면 흔쾌히 철거해주는 경우가 많으므로 비용을 줄일 수 있다.

2   목공사 견적에 여운을 남기자

작은 선반 같은 자투리 공간 활용 가구는 목공 마무리 단계에서 한두 개 정도는 서비스로 받을 수 있다. 단, 공사 진행 동안 원활한 관계 유지는 필수.

3   비싼 제작가구 대신 값싸게 선반으로

기존의 수납장은 최대한 활용하고 목공 작업 시 새로운 가구를 제작하기 보단 비용이 적게 드는 선반을 위주로 시공해 책상, 책장, 수납장 등 다양한 용도로 두루 사용하는 것이 실용적이다.

4   사전 실측으로 예산 장벽 지키기

철거와 목공, 싱크대 등 비용이 많이 드는 작업은 가능한 실측을 하는 것이 예산에 변수가 적다. 공사 당일 현장에서 추가 비용을 요구하는 경우가 비일비재하기 때문. 타일 작업 역시 실측하는 것이 추가 비용을 줄일 수 있는 길이다.

5   자재는 발품과 직구로 해결

자재 구입 시 조명, 도기, 가구, 타일 등이 밀집되어 있는 거리를 위주로 다녔다. 동선이 최소화되고 가격 비교도 쉽기 때문인데, 주로 강북 을지로를 중심으로 다녔고 소품이나 수전, 후드 등 액세서리는 인터넷을 통해서 구매했다. 직구로 구매한 제품도 많은데, 독일 아마존이나 직구대행카페를 이용했다. 유리는 유리공장에서 직접 사와 비용을 절감했다.

인테리어 공사 일정

월	화	수	목	금	토	일
			02월 18일	02월 19일	02월 20일	02월 21일
				주민 동의서받기		
02월 22일	02월 23일	02월 24일	02월 25일	02월 26일	02월 27일	02월 28일
		이사 나가는날	철거	철거 전기 배선 작업		
02월 29일	03월 01일	03월 02일	03월 03일	03월 04일	03월 05일	03월 06일
목공사 폴딩도어 레일깔기	삼일절	목공사		인테리어 필름 시공	셀프 페인트 시공(몰딩, 베란다 벽)	
03월 07일	03월 08일	03월 09일	03월 10일	03월 11일	03월 12일	03월 13일
포세린 타일 상차	포세린 타일 시공 / 주방 타일 시공 / 베란다 타일 시공				나머지 타일 상차	
03월 14일	03월 15일	03월 16일	03월 17일	03월 18일	03월 19일	03월 20일
걸레받이 시공 베란다문 설치 조명 타공 작업	도배					
03월 21일	03월 22일	03월 23일	03월 24일	03월 25일	03월 26일	03월 27일
주방 싱크대 설치, 욕실 시공	욕실 시공		도기시공	폴딩도어 설치 중문 설치 조명설치	셀프 입주청소	
03월 28일	03월 29일	03월 30일	03월 31일	04월 01일	04월 02일	04월 03일
욕실 유리파티션 시공, 수전 시공		욕실 슬라이딩장 상향 시공, 수건걸이 달기			장롱 설치, TV설치 등	
04월 4일	04월 05일					
	입주					

주요 공정비용, 얼마나 들었을까?

공정	비용	범위
철거 공사	174만원	마루·장판·거실 섀시·우물천장·거실 아트월·주방 유리선반·안방 붙박이장·화장대·싱크대·주방벽 타일·안방 앞 발코니 화단 철거
목공사	313만원	거실 평천장으로 변경, 거실 등박스 제작 및 아트월 가벽, 폴딩도어 마감, 주방 유리가벽, 주방 선반 2개, 침대 헤드 가벽, 몰딩, 안방 파우더룸 화장대+선반, 걸레받이(자재비, 유리값 포함)
주방가구	540만원	싱크대, 아일랜드 제작
인테리어 필름	220만원	거실·주방·각 방 베란다 섀시, 거실 등박스, 무지주 선반, 현관문, 붙박이장, 방문
타일 공사	718만원	거실·베란다·방 전체 포세린 타일, 주방 벽, 현관 바닥, 욕실 벽과 바닥 428만원(포세린 타일, 주방화장실 타일) + 290만원(시공비)
도배	124만원	거실(실크벽지), 방 전체(광폭합지)
폴딩도어	160만원	한쪽 방향으로 열리는 1way 방식, 5짝문(한 짝당 32만원)
중문 설치	85만원	현관 중문

현장 전문가가 말한다! 득이 되는 셀프 공사 포인트

point 1 **철거**

철거 부위를 설명하고 확장공사가 필요하면 확장공사까지 철거업체에게 의뢰해야 한다. 못 쓰는 가구와 붙박이장, 싱크대, 신발장 등도 철거업체에게 추가로 비용을 지불해서 버리는 게 비용 절감에 효과적. 철거업체면서 설비능력까지 보유했다면 금상첨화. 철거 도중 난방배관이 찍히거나 수도배관이 고장 나는 경우가 비일비재하고 또 함께 진행하는 것이 비용과 일정 면에서도 유리하다.

철거업체가 가능한 작업 철거 벽면이나 가구 폐기물까지 상차, 수도설비, 난방공사, 확장공사, 난방배관, 미장, 욕실공사(욕실방수, 욕실내부 수도, 하수설비작업), 섀시철거, 마루철거, 구조이동

point 2 **섀시 시공**

철거작업이 끝나고 거실 확장이나 바닥 난방공사 작업까지 마무리가 되었다면 다음은 섀시 시공이다. 섀시는 미장과 양생작업을 통해 바닥면을 고르게 마무리한 후에 설치를 해야 마감이 깔끔하다. 또 본사 직영 대리점 납품업체를 통해 시공하는 것이 중요하다. 정품과 비정품의 내부 단열 차이가 최대 20%까지 나기 때문.

point 3 **전기공사**

전기공사는 하루면 충분하다. 전기선은 후 작업으로 다시 만들어낼 수 없는 작업이니만큼 필요한 자리와 위치를 정해놓고 공사를 진행한다. 전기 전문가에게 시공하는 것이 좋으며, 크게 변경할 것이 없다면 생략하고 다음 단계로 넘어간다.

point 4 **목공작업**

확장한 곳이 있다면 단열 작업도 함께 진행한다. 최대한 상세한 부분까지 구상하고 스케치를 해놓는 등 준비를 철저히 해야 인테리어 효과를 낼 수 있다. 참고로 문은 리폼보다는 문틀에 이상이 없다면 새로 교체하는 것이 훨씬 더 깔끔하다.

point 5 **욕실공사**

욕실공사는 첫날 철거업체에게 철거를 의뢰하되, 공사의 경우 욕실 내부에서만 진행되므로 다른 작업과 크게 부딪히지 않는다. 단 거실 바닥재 마감을 타일로 할 경우, 타일 작업이 동시에 이루어지면 더 효율적이다.

자료협조 닥터하우스119 post.naver.com/drhouse119

리모델링 시 건축폐기물 처리

Q 폐기물 어떻게 처리하나요?

5톤 미만의 건축폐기물은 처리 방법이 지역마다 조금씩 다르므로 지자체에 문의해보는 것이 좋다. 일반적으로 벽지나 장판 등의 소량은 건설폐기물용 봉투(PP마대)에 담아 일반 종량제 봉투 배출 장소에 버리고 양이 많은 경우 건설폐기물 처리업체에 사전 연락하여 처리한다.

Q 폐기물 업체, 비용은 얼마나?

일반적으로 1톤당 처리비용 10만~20만원에 수집·운반비용이 더해지며, 이것저것 섞인 혼합폐기물이거나 폐기물처리장이 멀수록 비용은 늘어나게 된다. 폐기물을 종류별로 분리해 배출하거나 근처에 있는 업체를 이용하는 것이 경제적으로 유리하다.

Q 처치 곤란 대형 폐가전제품, 무료 수거 서비스가 있다고요?

인터넷과 모바일(www.edtd.co.kr, www.15990903.or.kr), 콜센터(1599-0903), 카카오톡 (ID: 폐가전무상방문수거)으로 예약 신청 후, 문밖에 놓아두면 전담 수거반이 수거해간다. 단, 컴프레셔, 모터 등 주요 부품을 임의로 떼어내거나 파손시킨 경우에는 기존대로 수수료를 내고 대형폐기물로 배출해야 한다. 소형 가전제품은 대형 가전제품에 해당하는 필수품목이 1개 이상 있어야 함께 수거해준다.

그래픽디자이너의 홈드레싱 아파트
새집의 절약형 디자인을 제안한다

100㎡

제이하우스701이라는 블로그에 셀프 인테리어 과정을 기록하며 자체 제작한 인테리어 소품을 판매하고 있는 박진숙 씨. 최근 새 아파트로 이사한 그녀는 자신의 스타일에 맞게 셀프 홈드레싱을 진행하고 있다.

story 그래픽 디자이너인 박진숙 씨의 신혼집은 작은 빌라였다. 좁았지만 큰 불만 없이 일 년을 살다 우연히 아파트 분양 광고를 보고는 덜컥 계약을 해버렸고 기다림으로 2년을 더 살았다. 그 기간 동안 수없이 많은 인테리어 정보를 수집했다. 하지만 시간이 갈수록 또렷해졌던 것은 누구에게도 없는 우리 가족만의 집을 만들고 싶다는 것. 작은 소품 하나라도 오롯이 내 가족의 것이길 바랐다. 인테리어 책자를 들여다보니 직업을 살려 할 수 있는 것들이 무궁무진했다. 그렇지 않아도 집 사느라 무리했는데, 고충을 더하느니 시간이 걸리더라도 직접 꾸미기로 했다. 입주를 앞두고 집을 둘러보니 생각보다 마감이 세련된 스타일이어서 일단 안심. 게다가 수납공간이 넉넉한 구조를 선택했기에 별도의 수납장을 제작하지 않아도 됐다. 가구와 소품 그리고 적절한 컬러 매칭만으로도 충분히 공간을 바꿀 수 있으리란 확신이 들었다.

point 홈드레싱 작업은 일 년에 걸쳐 천천히 이루어졌다. 3살 아이를 둔 맞벌이 부부였기에 변수가 많았고 하나를 바꾸면 또 하나가 보였기에 그렇게 연계해서 조금씩 변화시켜왔다. 가장 먼저 기존의 가구와 새로 구입할 가구 목록을 작성했다. 무엇을 구입하고 무엇을 포기할 것인지 결정하는 것이 중요했다. 자주 갈아주는 것이나 패브릭은 직접 만들기로 하고, 오랜 사용이 가능하거나 포인트가 되는 조명과 가구만 구입하기로 했다. 단 기존 가구와의 조화를 생각하되 좀 색다른 느낌의 제품을 선택했다. 새 아파트라 많은 부분을 바꾸지는 않았지만 방문과 기본으로 시공된 실크 벽지, 아트월 등은 직접 페인트칠했다. 특히 청록색으로 칠한 주방 벽이 이 집의 포인트. 사람을 좋아하는 부부라 집에서 작은 파티를 자주 여는데, 그 때 배경이 될 곳이다. 청록색에 화려함을 더하기 위해 골드 조명을 달고 넓은 6인용 원목식탁을 두니 파티하기에 더할 나위 없이 좋은 장소가 되었다. 공간 곳곳에 핑크와 민트, 골드 등 다양한 컬러를 사용했지만 어수선한 느낌은 없다. 모두 비슷한 톤을 유지해 어느 곳 하나 튀지 않기 때문이다. 어디를 가도 마주하게 되는 인테리어 소품 역시 그녀의 감각이 녹아 있어선지 세련되면서도 편안하다. 최근에는 가드닝에도 관심이 많아 포인트가 될 만한 공간에 크고 작은 화초로 싱그러움을 더하고 있다.

entrance
현관

이 집에서 남의 손을 거친 것은 이 중문 뿐이다. 한창 추운 겨울에 입주를 해서 중문의 필요성이 절실했다. 인터넷으로 업체를 수소문해 진한 베이지 컬러의 목문으로 시공. 언뜻 보기엔 평범해 보이지만, 그녀가 직접 디자인해 붙인 유리 스티커 덕분에 현관이 한층 세련돼 보인다. 타공판에 빼곡하게 붙어 있는 가족사진만 보더라도 이들의 화목한 일상이 그려지는 듯하다. 타공판은 기성품이 아닌 커다란 제품을 구매해 잘라 사용한 것이다.

타공판 을지로 금속집 **중문** 나무생각공방 **중문 유리 스티커** 제이하우스701

평형 100㎡(30py)

공사 기간 2년(진행 중)

공사 범위 업체시공—중문시공(현관, 안방), 셀프 홈드레싱—페인팅(거실 및 주방, 방문), 그래픽 시트지 스티커 제작, 주방 펜던트 교체, 액자·패브릭 제작(이불, 커튼)

비용 중문시공(현관 80만 원, 안방 50만원), 그 외 셀프시공

DESIGN 제이하우스701

blog.naver.com/pjs7415

before
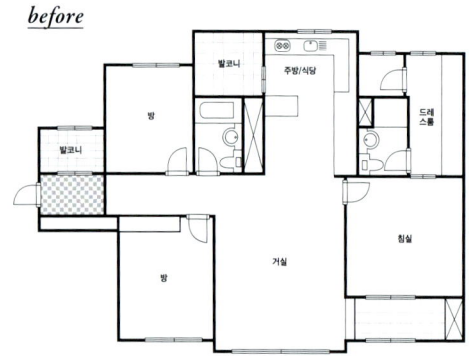

after

새 아파트라 아트월까지 건드리기 아까워 일 년 가까이를 두고 보다 결국 화이트로 페인팅했다. 옆에 이어지는 침실 문도 함께 페인팅했더니 공간이 밝아져 만족스럽다. 아트월에 달려 있는 리스 장식은 시장에서 구매한 재료들을 엮어서 만들었다.

living room
거실

베이지 컬러였던 벽면을 화이트로 페인팅하고 차분한 톤의 가구와 소품들로 꾸민 거실. 넓지 않은 공간이어서 가구를 최소화할까도 했지만, 막상 창가에 1인용 체어 두 개를 나란히 두었더니 한층 아늑하게 느껴진다. 소파 위 액자는 신혼여행 때 찍은 사진으로 만든 포스터로 블로그를 통해 한창 인기를 끌었었다.

벽 홈앤톤즈 페인트(SH S 0500-N) **소파** 체리쉬 라포레쇼파
1인 소파 체리쉬 라포레쇼파 **액자** 포스터 자체제작
리스 자체제작 / 고속터미널 꽃시장 **벽 수납장** 이케아(손잡이 교체)
거울 이케아

이케아 매장에서 구입한 신발장을 수건장으로 사용 중이다. 기존 손잡이를 골드로 변경해 달아줬더니 기성 가구임에도 다른 느낌이 든다.

조리대 옆 팬트리 공간은 식료품을 저장하고 남편이 주말마다 빵을 굽는 장소다. 말끔하게 정돈된 조리대와 곳곳에 붙여 놓은 그래픽 포스터와 스티커 덕분에 마치 카페 같다.

kitchen
주방

청록색의 과감한 페인팅과 골드 조명으로 화려하게 연출한 공간. 워낙 파티를 좋아하는 부부인지라 넓은 다이닝룸은 필수다. 자리 확보를 위해 주방 한가운데에 있던 아일랜드 수납장을 팬트리로 옮기고 그 자리에 6인용 테이블을 뒀다. 사실 이 테이블은 기존의 4인 식탁 위에 상판만 큰 사이즈로 재단해 올린 것. 비용을 아끼려고 낸 아이디어다. 하드우드로 제작돼 휨이 없고 원체 무거워 밀리진 않지만 안전을 위해 밀림 방지 매트를 깔아뒀다. 모서리에 사선으로 각을 넣어 제작한 덕분에 둔탁함이 느껴지지 않는다. 작은 디테일에서도 그녀만의 감각이 느껴진다.

벽 벤자민 무어페인트(2053-20 Dark Teal) **식탁** 오즈공방 + 대형상판 공방주문 **펜던트** 초이스조명
벽장식 고속터미널 꽃시장 **라이트 박스**(레터링 라이트) A Little Lovely Company(제이하우스 판매)

bedroom
침실

침대와 협탁만 덩그러니 있던 안방이 페인팅과 조명 덕분에 분위기가 살아났다. 매트리스만 두 개 붙여 헤드 없이 사용하다 벽지 위에 가로 분할 페인팅을 했더니 훨씬 침실이 아늑해졌다. 웬만하면 기성품을 사지 않는다는 그녀답게, 침구 역시 동대문에서 고른 천으로 완성했기에 사이즈도 딱 맞고 침실 분위기에 잘 어울린다. 패브릭은 패턴이 들어간 것보다는 무난하고 심플한 것을 고르되 소재 자체의 느낌이나 컬러가 좋은 것을 선호한다.

벽 홈앤톤즈(SH S 0500-N) **벽 조명** 이케아 **침구** 동대문 자체제작

study room
서재

신혼 때부터 사용하던 붙박이장과 새로 구입한 가구들로 꾸며진 공간. 가장 작은 방인데다가 커다란 가구를 들여야 해서 많이 고민했던 곳이다. 짙은 컬러로 페인팅을 하려다 옅은 핑크와 민트 투톤으로 벽을 칠했더니 오히려 공간이 넓어 보이는 효과를 얻었다. 또 원목가구만으로는 답답할 듯해 철제가구를 적절히 섞어 인더스트리얼 분위기를 냈다.

벽 홈앤톤즈 페인트(SH S 3010-B90G, SH S 2010-Y90R)
붙박이장 리젠시가구 **책장** 오즈공방 주문제작 **유리 테이블** 이케아

tip

1 추천 사이트 및 샵
이케아 코리아 www.ikea.com/kr/ko (조립식 가구, 주방용품, 욕실용품 등)
스칸디나비아디자인센터 www.scandinaviandesigncenter.com (북유럽 리빙 제품 직구사이트)
H&M 홈 www2.hm.com/ko_kr/home.html (인테리어 소품 샵)

2 편안하고 세련된 분위기를 연출하고 싶다면
한 가지 소재에 집중하기 보단 다양한 소재를 두루 사용한다. 원목은 편안함을 주지만 하나만 사용할 경우 세련된 느낌을 살릴 수 없다. 유리, 금속, 나무 등 다양한 소재를 적절히 사용하면 지루하지 않게 세련된 분위기로 연출할 수 있다.

3 공간에 입체감을 주고 싶다면
밋밋한 공간을 살리고 싶다면 넓은 벽에 짙은 포인트 컬러를 사용하거나 색다른 재질의 마감재를 선택하면 공간에 입체감이 살아난다. 또 곳곳에 크고 작은 초록색 식물을 두면 실내에 생기가 돌아 효과적이다.

kids room
아이방

좁은 공간이라 아이 가구 대부분은 화이트와 원목으로 선택하되, 핑크와 옐로우 컬러를 포인트로 연출했다. 바닥에 깔린 패턴이 있는 매트는 PVC 재질로 먼지 날림이 없고 물빨래가 가능해 실용적이다. 아이 이름이 적힌 쿠션도 직접 만들어 아이에게 선물한 것.

아이 방만큼은 입구에서부터 색다른 느낌을 주고 싶어 창을 냈다. 직접 직소를 이용해 구멍을 낸 다음 귀여운 그림이 그려진 금색 시트지로 한껏 멋을 냈다.

벽 벤자민 무어 페인트 **중문 유리 스티커·이니셜 쿠션** 제이하우스701
라이트 박스(레터링 라이트) A Little Lovely Company(제이하우스 판매)
가구 이케아

advice
박진숙's 홈드레싱 어드바이스

"한번 집을 꾸미고 나면 그 다음엔 어떻게 바꿔야 할지 막막할 때가 있죠. 특히 계절이 바뀔 때마다 분위기 전환할 무언가를 찾게 되는데, 간단한 소품과 컬러, 패브릭으로 느낌을 업 시킬 수 있는 방법을 알려드릴게요."

같은 공간 다른 분위기 연출법

거실, 액자 포스터와 패브릭 쿠션으로 분위기 체인지

1st 따스하고 편안한 스타일
뉴트럴 컬러의 벽지 위에 하와이에서 찍은 사진을 포스터처럼 디자인한 다음 액자에 걸었다. 포스터의 컬러에 맞춰 편안하면서도 따스한 색의 쿠션으로 포인트를 주었더니 가볍고 화사한 리빙룸으로 변화했다.

2nd 모노톤의 심플한 스타일
기존벽지에 화이트 컬러 페인팅으로 거실 전체를 환하고 넓어 보이도록 한 뒤 모노톤 인테리어를 시도했다. 타이포 포스터와 쿠션 또한 톤을 맞추되 순록그림 쿠션과 퍼 쿠션, 양털 러그로 우아하면서 멋스럽게 연출하였다.

3rd 섬세하고 잔잔한 로맨틱 스타일
액자가 식상하다면 대형 리스와 스트링 라이트로 변화를 주는 것도 아이디어. 포스터를 시침핀으로 고정하는 것도 자연스럽다. 내추럴한 리스와 은은한 조명의 조합으로 잔잔한 분위기가 연출된다.

4th 보타니컬 액자로 싱그러운 북유럽 스타일
봄기운이 물씬 풍기는 보타니컬 액자로 분위기를 전환시켜본다. 굳이 비싼 포스터를 구입하기 보다 직접 식물을 부분 촬영해 포스터를 제작하는 것도 재미있다. 액자 높이에 변화를 주면 공간에 생동감이 더해진다.

주방, 벽면 페인팅과 스타일링으로 생기를

1st 고급스럽고 유니크한 이벤트 공간

파티와 모임 등의 이벤트를 즐긴다면 밋밋하고 흔한 컬러의 벽면 보다는 과감한 컬러 페인팅에 도전해 보는 것이 좋다. 흔하지 않은 진한 청록색으로 한쪽 면을 페인팅 해 공간에 힘을 실어주는 것도 방법. 벽 위에 크리스마스 스웨그와 메탈(실버/골드) 오너먼트를 활용, 한층 고급스럽고 특별한 공간이 연출되었다.

2nd 깊이감이 느껴지는 모던한 카페 분위기

화려한 파티가 끝났다면, 차분한 분위기로 돌아오자. 벽 위에 오너먼트를 제거하고 모노톤의 액자 두 개를 일렬로 나란히 걸어두니 공간이 한결 정돈된 느낌이다. 청록색의 벽면에서 깊이감이 느껴져 테이블에 놓인 노트북 하나만으로도 서재와 같은 분위기가 연출된다.

3rd 핑크와 골드로 사랑스러운 쇼룸

청록색 포인트 월이 고급스러운 반면 무게감이 느껴졌다면, 핑크로 페인팅한 벽면은 밝으면서도 사랑스러운 분위기를 물씬 풍긴다. 컬러가 밝아지니 공간 또한 확장되어 보이고 한층 가벼운 느낌. 톤앤매너를 고려한 기하학적인 포스터와 골드빛 소품과 조명이 묘하게 어우러져 근사한 쇼룸 같은 특별한 공간으로 연출됐다.

셀프 인테리어, 잡지 속 그 집처럼

필름지로 시작해
페인팅으로 완성되다

109㎡

공이 많이 드는 도배와 장판 그리고 욕실공사는 업체에 맡겼지만 공간에 숨을 불어넣는 작업은 손수 진행했다. 구석구석 어찌나 부지런을 떨었는지 안주인인 이현정 씨의 손길이 닿지 않은 곳이 없을 정도. 큰 비용이 드는 공사 없이도 잡지에서나 나올 법한 공간을 뚝딱 만들어내는 솜씨. 그 비법을 엿보는 재미를 누려본다.

story 내집 마련을 하면서 목돈 들여 인테리어를 하면야 금상첨화겠지만, 집값만으로도 빠듯했다. 새 아파트도 내 식대로 리모델링하는 요즘, 12년 된 아파트로 이사 오면서 고치고 싶은 것이 한두 가지였겠는가. 하지만 일단 꾹꾹 눌러 담은 채로 이삿짐을 정리했다. 초등학생인 아들과 유치원생 딸을 둔 부부가 처음 이 집에 발을 들였을 때의 기분이 그러했다. 연식에 비해 비교적 깔끔한 상태였지만 개성이라곤 없는 우드톤의 집. 허락된 예산 안에서 도배와 장판 그리고 욕실공사까지 끝냈다. 그러나 워낙 넓은 면적을 차지하는 몰딩과 아트월 때문에 도무지 돈 들인 티가 나지 않았다. 이 요지부동의 집을 변화시키기 위해서는 셀프 인테리어 밖에 답이 없었다. 최대한 간단하면서 고퀄리티의 결과를 보여줄 수 있는 것이 무엇인가에 집중했다.

point 우선은 가장 골칫덩이였던 거실의 몰딩과 아트월에 페인트칠을 할지, 필름 시공을 할지 결정해야 했다. 벽과 천장까지 꽤 넓은 면적을 시공해야 했기 때문에 가구를 옮겨가며 해야 하는 페인팅 보다는 필름지가 현실상 적합했다. 또 기존의 마감재 때문에 도색의 매끈함을 표현하기에는 무리가 있어 필름 시공이 선택됐다. 거실의 메인 컬러는 그레이로 하고 라이트 그레이에서부터 다크 그레이까지 톤의 변화를 주기로 했다. 넓고 평평한 면은 빠르게 굴곡진 부분은 느리게 진행되었지만, 필름 시공은 생각만큼 어려운 작업은 아니었다. 거실에 이어 방문과 주방 하부장, 새시 마감까지 착착 진행됐다.

무채색의 차분한 거실과 달리 세 개의 방은 개개인의 성향에 맞춰 다채롭게 꾸몄다. 다양한 패턴과 자유자재의 색상 조합을 위해 페인트를 선택했는데, 기대 이상으로 가족들의 반응이 좋았다. 포토샵을 이용해 시안을 만든 다음, 그것을 토대로 벽면에 밑그림을 그리고 페인트를 칠했다. 12살인 아들 방은 우주를 주제로 방을 꾸미고 유치원생 딸을 위해서는 핑크 컬러의 숲속 텐트를 만들어주었다. 특히 외국 잡지 속에서 튀어 나온 듯한 모던 프렌치 스타일의 침실은 안주인의 야심작. 부부는 물론 지인들에게도 사랑을 듬뿍 받고 있는 공간이다.

entrance
현관

낡은 철문에 페인트를 칠하고 골드 사인을 달아 시크한 분위기로 변화를 시도했다. 붉은 색 타일로 촌스러웠던 바닥엔 폴리싱 타일 느낌이 나는 점착식 에코페트 타일을 붙여 손쉽게 완성했다. 30cm×60cm 사이즈로 스티커처럼 붙이기만 하면 돼 편리하다. 거울 쪽에 달린 봉은 아이들의 신발주머니나 우산 등 자질구레한 것들을 걸어두는 곳. 커튼봉에 S자 고리를 걸어두니 이것저것 걸 수 있어 편리하다.

현관문 홈앤톤즈 더클래시 앤리치 SHS 7500-N
골드 사인 에프텐에이어 호텔도어사인 **바닥** 문고리닷컴 에코페트 타일
봉 이케아 STORSLAGEN 커튼봉 세트

before

after

평형 109㎡(33py)

공사 기간 진행 중

공사 범위 업체 시공-도배, 바닥(장판), 욕실 공사. 셀프 홈드레싱-거실 및 현관 벽면 필름 시공, 주방 가구 필름 시공, 문 전체 필름 시공, 현관문 페인팅, 방 전체 페인팅, 현관 바닥 시공, 주방 데코 타일 시공

비용 장판 2백만 원, 욕실공사 240만 원, 도배 1백만 원, 그 외 셀프시공-필름지 80만 원

DESIGN blog.naver.com/rnjsdlwns06

living room
거실

라이트 그레이 컬러의 필름지를 이용해 몰딩과 아트월을 바꾸고 나니 집이 한층 넓고 세련돼졌다. 거실 창으로 들어오는 자연 채광의 느낌을 살리기 위해 밝은 톤으로 바닥과 벽, 가구를 세팅. 문탁한 가죽소파 마저도 제자리를 찾은 듯 편안하다. 스탠드와 액자, 화병 등 소품의 선택과 매치도 돋보인다. 베란다의 새시 역시 블랙 컬러 필름지로 시공한 것. 조만간 외부 창에도 필름지를 붙여줄 예정이다.

무채색 공간에 포인트가 되는 한두 가지 소품으로 데코를 했다. 주로 화이트 또는 골드 컬러의 오브제를 좋아한다. 다소 밋밋할 수 있는 모노톤에 잘 어울리거니와 공간을 한층 돋보이게 하기 때문. 소파 뒤에 놓인 화이트 테이블은 반제품을 구입해 조립 후 화이트 시트지로 감싼 것. 깔끔한 마감이 감쪽같다.

벽 한양인테리어필름지 SD920 **바닥** LG지아소리잠 스칸디나비안 오크
조명 공간조명 코너LED거실등 **소파** 도모디자인 라디카블루
테이블 MOD 페브 하이그로시 커피테이블
벽 테이블 문고리닷컴 원목 슬림 사이드테이블(반제품)
액자 올리브골드액자프레임 + 브리즈코 블로거 공구 포스터
테이블 위 조명 이케아 JANSJO LED작업등

서로 맞붙어 있는 아이 방문과 주방 입구를 라이트 그레이와 다크 그레이 필름지로 시공해 통일감은 살리되 공간의 경계는 명확하게 구분 지었다. 반면 부부 침실로 향하는 문에는 청록색을 선택, 무채색 일색인 공간에 포인트가 되어준다.

kitchen
주방

세련된 거실 분위기와 어울리도록 조금씩 변화를 주고 있는 주방. 상태가 좋은 상부장은 그대로 사용하고 하부장 문짝만 그레이 컬러로 필름지를 붙여주었다. 손잡이 역시 심플한 스타일로 교체한 것. 주방 벽에는 줄눈 시공이 필요 없는 베르블럭이라는 스테인리스 데코 타일을 붙여 모던한 분위기를 강조했다.

타일 문고리닷컴 베르블럭 접착식 스테인리스 메탈타일 **하부장** 한양인테리어필름지 IH707
상하부장 손잡이 문고리닷컴 베이직범랑손잡이, 실버 **후드 조명** 이케아 LEDBERG LED라인
펜던트 공간조명 카네사2등 펜던트 **식탁** 도모디자인 모모 원목테이블세트

tip

1 벽에 그림 그리기
페인트칠이라고 해서 어렵게 생각할 필요 없다. 우선 바탕이 될 벽지의 질감을 확인한 후에 질감이 나쁘지 않다면 그 위에 바로 페인트를 칠하면 된다. 벽에 스케치를 하고 패턴이 들어가는 곳에는 마스킹 테이프를 붙여 칠하기만 하면 누구나 쉽게 모양을 낼 수 있다. 페인팅은 최소 2회 이상 하는 것이 깔끔하다.

2 페인트를 칠할 때 붓과 롤러, 제대로 사용하는 법
페인트는 붓의 절반 또는 3분의 2 정도만 묻히는 것이 정석이다. 끝까지 페인트를 묻히면 작업하는 도중 털이 빠질 수 있다. 또 페인트를 붓에 골고루 묻힌 다음 칠해야 얼룩이 생기지 않는다. 롤러는 회전하면서 페인트가 튀기 쉬우므로 적당량을 묻힌 다음 W자를 그리듯이 바르면 얼룩 없이 말끔하게 발린다.

3 비용 절감을 위해
요즘은 워낙 셀프족을 위한 자재들이 잘 나와 있어서 잘만 고르면 전문가 솜씨 부럽지 않은 공간을 만들 수 있다. 필름지 뿐만 아니라, 아트월이나 타일 역시 스티커처럼 붙이기만 하면 되는 제품이 많아 일반인이 시공하더라도 꽤 완성도가 높은 편. 조금 엉성한 마무리 정도 눈 감아 줄 수 있는 사람이라면, 비용 절감에 탁월한 셀프 시공을 추천한다.

100% 리얼 스테인리스 타일인 '베르블럭'은 메탈 특유의 세련되고 도시적인 느낌을 자아내는 인테리어용 접착 타일. 직접 자를 수 있어 브릭타입, 모자이크타입, 헤링본무늬 등 자유롭게 패턴을 만들어 낼 수 있다. 뒷면의 이형지를 떼면 바로 붙일 수 있어 누구나 시공이 가능하다.

기존의 후드에 조명이 없어 LED 라인 조명을 별도로 달아주었다. 시공이 간편할 뿐만 아니라 불빛을 켜면 화사한 불빛이 흘러나와 공간의 포인트가 되어준다.

bedroom
침실

마치 화보를 보는 듯한 부부 침실. 반짝이는 아이디어로 탄생한 공간이다. 벽면에 마스킹 테이프를 붙여 패턴 페인팅을 하고 그 위에 골드 라인을 이용해 세련된 아트월을 만들었다. 골드 라인은 하드보드지를 길게 잘라 골드 시트지를 붙인 것. 벽면과 잘 어우러지는 침대 헤드 역시 직접 제작했다. 기존의 헤드를 폼보드로 감싸고 그 위에 패브릭을 씌운 다음 일일이 단추를 붙여 완성했다. 가장 많은 품이 들긴 했지만, 덕분에 부부가 최고로 아끼는 공간이 되었다.

벽 홈앤톤즈 더클래시 슈프림 SHS 1510-B20G, SHS 0502-B **러그** 마마그리드 벨로체러그
테이블 조명 마켓비 GLEN단스탠드 **침구** 앤데이지홈 클래식린넨-클라우드민트 베딩 **붙박이장** 장인가구 미카

tip

추천 사이트 및 샵

핀터레스트 kr.pinterest.com (인테리어자료)
이헤베뜨 www.ehebett.co.kr (침구, 패브릭)
앤데이지홈 www.anndaisyhome.com (침구, 패브릭)
문고리닷컴 www.moongori.com (셀프인테리어 자재)
공간조명 www.9s.co.kr (조명)
장덕수 시트지 연구소몰 www.jdsoo.co.kr (시트지)

boy's room
아들 방

새로운 영감을 불러일으키기에 좋은 방이다. 비록 공부방이지만 아이가 좋아하는 흥미 요소를 곳곳에 두어 머물고 싶은 공간으로 만들었다. 방문엔 칠판 페인트와 자석 페인트를 발라 자석 칠판처럼 사용할 수 있다. 방 전체는 그레이 톤으로 차분하게 칠하되, 기하학적인 도형과 패턴으로 디자인적인 변화를 시도했다. 사이사이에 들어간 민트는 아들이 특별히 주문한 컬러로 공간에 생기를 더한다.

벽 홈앤톤즈 더클래시 슈프림 SHS 6505-B, SHS 0502-B, SHS 0520-B70G, SHS 2002-B
침구 이혜베뜨 스널크, 에스트로넛 **책상** 에그스타 W원목책상세트
침대 데코룸 오크마르스 SS

책상이 놓인 공간은 최대한 단조롭게 꾸몄다. 현재 공부하고 있는 책과 학용품들을 깔끔하게 정리할 수 있도록 타공판으로 선반을 마련해주었다.

girl's room
딸 방

딸 아이의 마음을 단번에 사로잡은 방. 핑크색과 토끼를 좋아하는 딸을 위해 벽면에 토끼가 사는 핑크빛 숲을 재현해냈다. 숲 속에 지어진 인디언 텐트는 아이의 아지트. 페인트 하나만으로 그 어디에도 없는 사랑스러운 방을 만들어 냈다. 밧줄과 선반으로 만든 그네 모양의 전면 책장도 그녀의 아이디어다. 원목 가구 역시 내추럴한 숲속 분위기를 살리는 데 한몫을 하는 중.

벽 홈앤톤즈 더클래시 슈프림 SHS 1070-R20B, SHS 1005-B50G, SHS 0520-B70G, SHS 6020-B50G
침구 이헤베뜨 스널크, 퍼리프랜즈
원목 걸이 이케아 소나무 SANNOLIKT 커튼봉세트
커튼 앤데이지홈(아그네스커텐) + 천싸요(인견-야생정글, 레드)
책상 야마토아부오노 아미체 **옷장** 한샘 모모로 주니어옷장 3단서랍600일자도어

맞은편 벽면은 민트와 그레이 등의 차분한 컬러로 페인팅했다. 그림 그리는 걸 좋아하는 아이를 위한 공간으로 유치원에서 받은 상장이나 자랑하고 싶은 그림을 걸어둘 수 있도록 원목걸이도 달아두었다.

advice
이현정's 벽면 페인팅 어드바이스

"처음엔 망설여질 거예요. 하지만 처음이 두려울 뿐 한번 페인팅에 빠지면 헤어 나올 수 없지요. 컬러가 생각과 다를 땐, 다시 덧바르면 되니 망설이지 말고 도전해보세요. 새로운 공간이 열린답니다."

벽 페인팅, 꼼꼼함으로 승부

"표면 처리와 커버링 작업을 얼마나 철저히 했느냐에 따라 결과가 갈립니다. 구멍이나 틈새는 메우고 스티커 자국도 제거해주세요. 그리고 마스킹테이프와 커버링테이프를 붙여주세요."

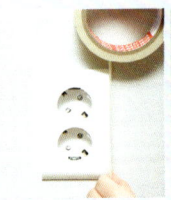
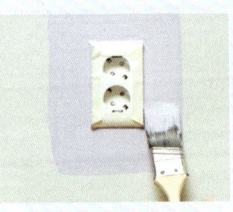

1 바닥에 커버링테이프를 붙여 페인트가 묻는 것을 방지한다.

2 마스킹테이프를 전기 스위치의 테두리나 문틀 혹은 몰딩, 창문 테두리나 손잡이 테두리 등에 꼼꼼히 붙인다.

3 페인트를 트레이에 붓고 붓에 골고루 묻힌 뒤 롤러가 닿지 않는 모서리나 좁은 곳을 칠한다. 1차 페인팅 시 덧바름은 금물.

4 나머지 면적은 롤러를 이용해 W 모양으로 칠한다. 1회 페인팅 건조 후 1~2회 더 칠한다.

5 페인팅이 끝나면 페인트가 마르기 전에 마스킹테이프와 커버링테이프를 제거한다.

6 얼룩 없이 완전히 마르면 벽 페인팅 완성.

셀프 페인팅 기본 도구
롤러(7~9인치), 붓(2~3인치), 트레이, 마스킹테이프 & 커버링테이프

tip

1 트레이 뒤처리가 귀찮은 당신에게
페인트를 담는 트레이를 비닐로 싼 다음, 그 위에 페인트를 부어 사용하면 작업 후 비닐만 버리면 끝. 다른 컬러를 칠할 때도 세척이 필요 없어 편리하다. 또 페인트는 2회 이상 덧칠이 기본이라, 페인트 건조시간이 생기는데 이때 사용한 붓과 페인트가 담긴 트레이를 비닐로 감싸 밀봉하면 몇 시간이 지나더라도 마르지 않는다.

2 페인트칠을 했는데 스치기만 해도 페인트가 벗겨지고 가루가 많이 떨어진다면?
셀프 페인팅용으로 판매하는 제품은 대부분 수성 페인트라 실크 벽지나 종이가 아닌 부분에 칠하면 당연히 붙지 않는다. 또, 친환경 페인트는 화학약품을 쓰지 않다 보니 페인트가 더 잘 떨어지기도. 이럴 때는 베이스 역할을 하는 프라이머(젯소)를 바르고 그 위에 수성 페인트를 발라야 내구성이 좋고 색도 오랫동안 유지된다. 최대한 페인트를 긁어내 흔적을 없애고 그 위에 프라이머와 수성 페인트를 덧발라 준다.

마스킹테이프 패턴 페인팅에 활용했어요

"마스킹테이프로 선이나 패턴을 만들고 붓으로 마스킹테이프의 중앙에서 바깥쪽으로 칠해주면 경계 부분의 번짐을 막을 수 있어요."

1 벽에 연필로 표시를 한 다음 선을 따라 마스킹테이프를 붙여준다.　　2 라인을 따라 붓으로 미리 칠해주고 넓은 면은 롤러로 칠한다.　　3 2회 페인트칠 후 완전히 마르기 전에 마스킹테이프를 제거한다.

마스킹 테이프 그 외 활용법

 **분할페인팅** 테이프를 붙인 후 수직과 수평이 맞는지 너비가 일정한지 등을 체크한 후 페인팅하면 된다. 수평을 맞출 땐 수평자를 이용하면 편리하다.

 아트웍 캔버스 위에 마스킹테이프를 붙이고 페인트로 칠하면 예술작품 부럽지 않은 나만의 아트웍이 완성된다.

벽지 떼고 바를까, 그냥 바를까

벽지가 찢어지고 울어있는 부분이 적다 ·················· Ⓐ
찢긴 곳은 접착제로 붙이고 울어있는 부분은 칼집 내 정리한 다음 페인팅 가능.

벽지가 찢어지고 울어있는 부분이 크다 ·················· Ⓑ

집안 분위기 교체 시 가구를 바꿀 수 없다면 ·················· Ⓐ
페인트로 벽이나 소품 등 컬러만 바꿔도 분위기가 달라진다.

벽지 엠보싱이 마음에 들지 않는다면 ·················· Ⓑ

곰팡이 면적이 적다면 ·················· Ⓐ
곰팡이가 핀 벽지를 잘라내고 제거제를 발라 건조시킨 후 잘라낸 경계선을 월드퍼티로 메운다. 그 다음 사포질 후 벽지 전용 페인트를 바르면 끝.

곰팡이 면적이 크다면 ·················· Ⓑ

벽지가 누렇게 변했거나 낙서가 있는 벽이라면 ·················· Ⓐ
컬러가 진하거나 낙서가 진한 벽지라면 젯소를 발라준 후 페인팅.

Ⓐ 벽지 위에 페인팅
Ⓑ 벽지 떼고 페인팅

자료 홈앤톤즈 제공

30PY INTERIOR STYLE

2 인테리어 전문가 시공

고수의 힘을 빌려 인테리어하다

- 3천 만원 이상
- 전문가의 힘으로
- 맞벌이
- 전문지식 부족

화사함이 돋보이는 집

우아한 현대미를 위한 제안
모던클래식 인테리어

112m²

새 집이었지만 단순하고 심플한 스타일이 마음에 들지 않았다. 중요한 날 화장을 하고 옷을 차려 입듯 나만의 집에 멋진 옷을 입혀주고 싶었다. 장식과 수납이 골고루 설계된 화사한 공간에서 두 딸과 함께 살아가는 이들의 집 이야기다.

story 한 부부가 한 장의 사진을 들고 업체를 찾았다. 모든 벽면이 웨인스코팅으로 시공된 친정집 사진이었다. 단, 새집이었기에 최대한 기존의 것을 활용하되 전체 인테리어를 한 것처럼 해달라는 것이 요구사항이었다. 거실 벽면이 타일로 마감되어 있었기 때문에 기존의 것을 유지하면서 클래식한 분위기의 웨인스코팅을 접목하기란 쉽지 않았다. 게다가 천장고가 높지 않아 자칫 잘못하면 답답하고 올드해 보이기 십상. 살면서 늘어나는 가구와 소품 역시 모두 클래식하게 맞추기 어려울 게 뻔했다. 그래서 결정한 것이 모던클래식. 웨인스코팅으로 앤티크한 분위기는 살리되, 모던한 기존의 마감재와의 조화로 우아한 현대미를 표현했다.

point 클래식과 모던의 조화는 컬러와 디자인, 홈스타일링 모두에 접목됐다. 우선 중심이 되는 웨인스코팅을 곡선 모양의 몰딩보다는 직선으로 시공하고 심플한 스타일의 가구와 조명을 곳곳에 배치했다. 밝은 느낌을 주기 위해 컬러 역시 화이트와 민트, 베이지 위주로 하되 그레이로 포인트를 줬다. 거실에서 가장 문제가 되었던 것은 방화문이었다. 실용성만 따져 만들어진 문이어서 전체적인 분위기와는 동떨어져 보였다. 그래서 낸 아이디어, 웨인스코팅 도어를 다는 것. 방화문이라는 걸 아무도 눈치챌 수 없을 정도로 아주 만족스러운 선택이었다. 주방 역시 골칫거리들이 산재했다. 우선 내부에 떡하니 자리 잡고 있는 냉장고 수납장은 고민할 것 없이 철거대상 1호로 지목됐다. 대신 주방 옆 팬트리에 수납장을 짜 덩치 큰 냉장고 등을 숨겼다. 6인용 식탁을 두기 위해서 불필요한 아일랜드도 철거됐다. 덕분에 생긴 넓고 화사한 다이닝룸에서 매일 만찬을 즐기는 기분으로 가족들의 식사가 이루어진다.

entrance
현관

양쪽에 자리했던 신발장 때문에 좁고 답답했던 현관. 한쪽을 철거한 후 웨인스코팅으로 포인트를 준 벤치형 수납장을 짜 넣었다. 집의 첫 인상이 되는 곳이니만큼 요소 하나하나에 신경을 썼다. 그라데이션 느낌의 타일과 의자의 쿠션, 서랍장 손잡이 등 디테일이 어우러져 클래식한 공간을 완성한다. 그러나 요소가 많으면 복잡해 보이는 법. 블랙 프레임의 중문으로 모던하고 심플하게 마무리했다. 밑이 띄워진 신발장은 바닥을 활용할 수 있고 시각적으로도 넓어 보이는 효과가 있어 효율적이다.

바닥 정운타일 **조명** 메가룩스 **신발장** 웨인스코팅형 도장가구
신발장 손잡이 이케아 **중문** 주문제작 steel

hallway
복도

밝은 민트 컬러로 시공해 밝고 화사하게 느껴지는 복도. 지나는 사람의 기분까지 설레게 만들 정도다. 웨인스코팅 벽면 장식과 모던한 스타일의 조명이 조화롭다.

평형 112㎡(34py)

공사 기간 약 34일

공사 범위 전체 도배, 부분 필름(도어 리폼 및 걸레받이, 일부 섀시), 부분 페인팅(복도·주방·거실 웨인스코팅 페인팅, 서재 및 주방가벽), 부분 목공사, 거울 시공, 현관 금속중문 및 파티션, 전기배선, 조명설치, 바닥 타일공사(방 제외) 및 일부 강마루 시공, 줄눈 공사, 가구 제작, 홈 스타일링

비용 약 5천만 원대(홈스타일링 제외)

시공 림디자인 02-468-3005
www.rimdesignco.co.kr

기존에 시공되어 있던 거울 장식장을 철거하고 심플한 스타일의 수납선반을 달아 미니서재로도 활용이 가능하게 했다. 해가 들어오는 오전, 책에 빠져들기 딱 좋은 장소다.

living room
거실

오목하게 안쪽으로 들어간 직선 몰딩으로 모던하게 연출한 웨인스코팅 디자인. 공간에 고급스러운 세련미를 더해준다. 여기에 포인트로 골드 조명을 달아 클래식한 느낌을 한층 고조시켰다. 짙은 그레이 컬러에 약간 튀는 듯한 카멜 소파를 배치한 덕분에 거실에 입체감이 살아난다.

바닥 정운타일 **조명** 메가룩스 **페인트** 삼화페인트 **스툴** 매직퍼니처

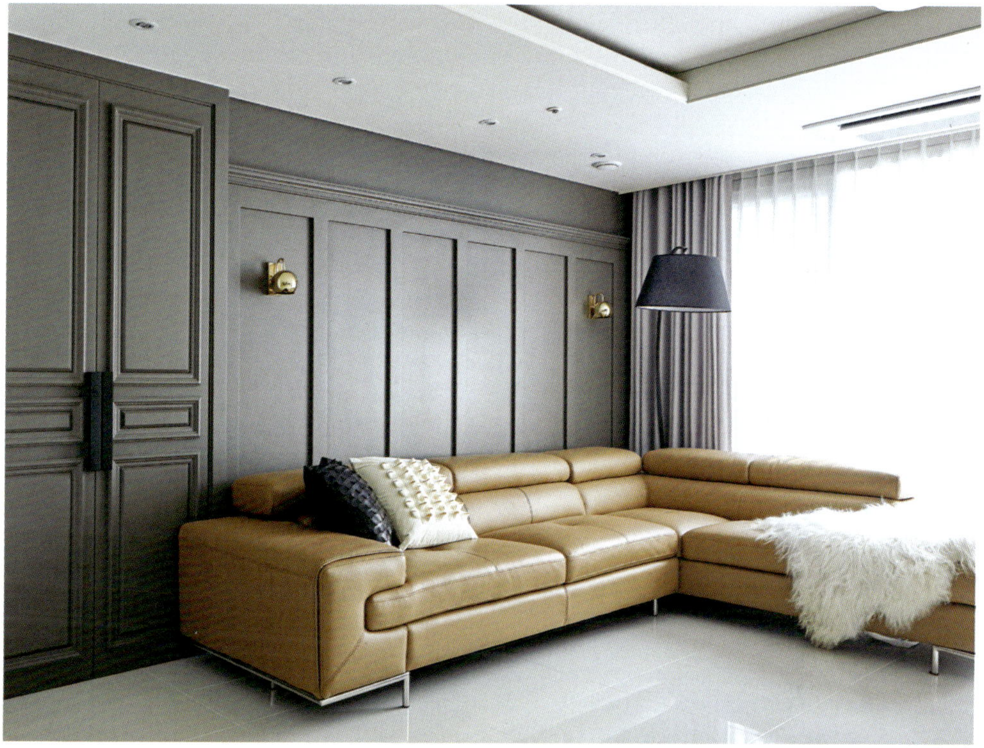

마치 근사한 장소로 이어지는 문인양 느껴진다.
그 누가 이것이 방화문이라는 걸 상상이나 할 수 있을까.

포인트는 골드, 구석구석에 골드 컬러를 활용해 멋스러운
분위기를 연출했다.

kitchen
주방

덩치가 컸던 냉장고 수납장과 주방과 거실을 가로막던 아일랜드를 철거하자 6인용 식탁이 놓인 근사한 다이닝룸이 만들어졌다. 웨인스코팅으로 한결 우아한 공간을 연출한 덕분에 매일 만찬을 즐기는 기분으로 가족들의 식사가 이루어지고 있다. 다소 허전해 보일 수 있는 식탁 위 공간에는 나뭇가지 모양의 조명을 달아 포인트를 줬다.

바닥 정운타일 **조명** 모던라이팅 **페인트** 벤자민무어 **가벽** 목공도장, 강화유리

tip
밝고 화사한 분위기 연출을 원한다면

컬러와 조명, 마감재의 질감이 중요하다. 특히 해가 잘 들지 않거나 구조가 답답해서 어두워보이는 경우 배경은 화이트 컬러와 같은 무채색 계열을 사용하고 조명을 늘려서 실제 조도를 밝게 하는 게 좋다. 또 초록색의 식물과 화사한 컬러의 쿠션 등으로 포인트를 주는 것도 효과적. 마감재의 경우도 둔탁하고 거친 것보다는 매트하고 가벼운 것을 사용한다.

주방 옆 팬트리에 수납장을 짜 덩치 큰 가전제품을 숨기니 공간이 훨씬 넓어졌다.

bedroom
침실

화사한 다른 공간과는 달리 중후한 클래식 분위기를 가장 잘 살린 공간이다. 거실보다는 마감재 선택이 비교적 자유로웠기 때문에 가능했던 일. 앤티크 가구와 스탠드, 커튼으로 꾸미고 한쪽 벽에만 짙은 컬러로 포인트를 주었다.

침구 마틸라 **벽지** LG지인벽지 **슬라이딩 도어** 금속프레임 브론즈경 **침대** 세기무역

tip
추천 사이트 및 샵
잇츠디자인 www.its-design.co.kr (북유럽 침구 쇼핑몰)
마프루아 닷컴 marflua.com (인테리어 소품 전문 쇼핑)
바이타이 storefarm.naver.com/buythai (코튼볼 조명 쇼핑몰)
잇스틱스(its tics) itstics.com (톡톡 튀는 액자 및 인테리어 스티커)

드레스룸으로 향하는 슬라이딩 도어. 블랙 프레임으로 제작돼 깔끔해 보인다.

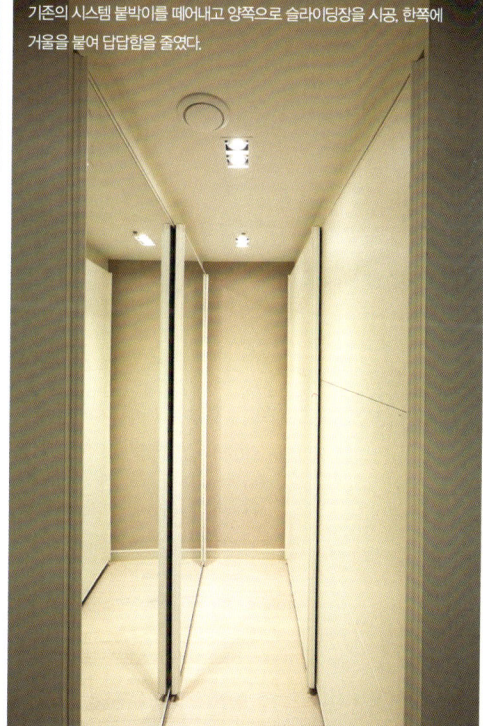

기존의 시스템 붙박이를 떼어내고 양쪽으로 슬라이딩장을 시공. 한쪽에 거울을 붙여 답답함을 줄였다.

bedroom
아이 침실

아직은 함께이고 싶은 자매를 위해 '함께이지만 따로'인 침실을 선물했다. 연한 핑크를 포인트 컬러로 하고 그레이와 화이트 컬러를 적절히 믹스해 화사하면서도 차분한 느낌을 담아냈다. 앤티크한 스타일의 침대와 모던한 느낌의 소품과 가구를 매치해 질리지 않는 디자인으로 연출했다. 침대 위에 달린 펜던트 조명 덕분에 잠들기 전까지 함께 책을 보거나 마주 보며 두런두런 이야기를 나누는 소소한 즐거움을 갖게 됐다.

침대 까사미아 **페인트** 벤자민무어 2089-60 Peach Kiss, 벤자민무어 2112-50 Stormy Monday **조명** 까사인루체, 바이타이 **옷장** 이케아 **액자** its tics
쿠션 마프루아닷컴 **침구** 잇츠디자인

study room
공부방

네모진 공간에 작은 네모가 붙어 있는 독특한 구조의 방. 문을 열자마자 오른편으로 보이는 작은 공간에는 지붕 모양의 입구를 만들고 책장과 수납 벤치를 제작해 놀이와 독서를 위한 장소로 꾸몄다. 나머지 공간은 스터디룸으로 책상과 책장, 수납장을 모두 붙박이로 짜 맞췄다. 화이트 컬러의 심플한 스타일로 제작하되 아이의 집중력을 높이기 위해 차분하고 진한 컬러로 책상 공간을 꾸몄다.

조명 메가룩스 **페인트** 벤자민무어 2121-70 Chantilly Lace(W), 던에드워드 DE6374 Silver Polish(G)

가족의 눈높이에 맞춰 완성된 신축 아파트

실용성과 분위기를
두루 갖추다

109 ㎡

어린이집에 다니는 귀여운 딸과 함께 살고 있는 부부. 자고로 어린 아이가 있는 집이라면 알록달록한 장난감들과 크고 작은 아이 용품들로 어질러지기 마련이건만 이 집은 깔끔하면서도 중후한 멋까지 난다. 아이의 눈높이에 맞춘 가구와 부부를 위한 공간들이 이질감 없이 어우러져 집의 완성도를 높여준다.

story 인천 송도동의 신축 아파트에 입주한 부부. 어린 딸을 위한 따뜻하고 안락한 공간을 만들고 싶은 마음과 더불어 가족 모두가 흡족할 만한 개성 있는 집을 만들고 싶었다. 처음에는 홈드레싱을 생각했었지만 공간을 획기적으로 바꾸기에는 부족했다. 너무 평범한 마감재는 공간을 지루하게 만들었고 특히 거실 한쪽 벽면을 차지하고 있는 냉장고장이 거슬렸다. 거실과 주방이 완벽히 분리되지도 또 유기적으로 한 공간이지도 않은 상태. 그리고 부부에게는 새 집으로 이사하면 꼭 실현하고 싶은 아이템이 있었다. 주방 바닥에는 아라베스크 문양의 타일을 깔고 싶었고 무엇보다 한쪽 벽면이 오픈된 선반으로 꽉 채워진 북카페를 꿈꿨다. 그래서 결국 새 집에 약간의 손을 대기로 결심했다.

point 이 집에서 구조적으로 시급한 문제는 냉장고장이었다. 거실에 들어서자마자 눈에 띄는 냉장고는 집 분위기를 어수선하게 만들었다. 아일랜드 또한 식탁 둘 자리를 애매하게 했다. 기존의 냉장고장과 아일랜드를 철거, 냉장고장-아일랜드-식탁으로 이어지는 새로운 一자 배치로 자연스레 주방과 거실을 분리했다. 식탁 옆으로는 파티션을 설치해 다이닝 공간까지 확보했다. 아라베스크 문양의 타일 역시 주방 공간 분리에 탁월한 선택이었다.
북카페의 꿈은 안방에서 실현됐다. 원래는 TV와 소파를 방으로 넣고 거실을 북카페로 꾸미려 했으나, 소파가 워낙 크다보니 결국 TV와 소파가 거실로 나오게 된 것. 대신 창가 쪽으로 낮은 책장을 길게 배치하고 한 켠에 미니 서재를 꾸몄더니 아이와 부부가 공유할 수 있는 공간이 탄생했다. 그리고 안방에는 부부가 그토록 원했던 오픈형 선반과 수납장으로 꽉 채워진 북카페가 실현됐다.

before

after

평형 109㎡(33py)

공사 기간 3주

공사 범위 전체 도배, 거실 벽타일 시공, 거실 금속 유리파티션 제작, 주방 바닥 타일 시공, 전체 조명, 북카페 벽타일·공간찬넬·우드선반, 전체 수납시스템가구 제작, 거실 가구 제작(소파 제외), 전체 블라인드

비용 3천5백만 원

시공 투앤원디자인스페이스
02-547-6606
www.2n1space.com

living room
거실

거실 2면이 창으로 되어 있어 소파 위치가 애매했던 상황. 소파를 창가에 붙이기보다는 창 아래로 길고 낮은 책장을 배치해 북카페 느낌이 들도록 했다. 책장에는 동화책과 장난감을 진열해 아이가 즐겨 찾는 공간이 되었고, 한 켠은 미니서재로 꾸며 아이와 아빠가 자연스레 한 공간에서 시간을 보낼 수 있도록 했다. 컬러풀한 아이의 책과 장난감을 고려해 마감재는 무채색 계열로 통일했다. 짙은 회색의 타일과 화이트 계열의 블라인드로 공간을 차분하게 하되, 중간중간 밝은 우드 계열을 섞어 중후하면서도 따스한 공간이 되었다.

바닥재 기존 상태 **타일** UAE 수입 타일 **조명** 기존 거실등/ PAR30 LED 레일조명 **시스템 책장·선반** 자체 제작 **블라인드** 자체 제작

kitchen
주방

시각적으로는 오픈된 구조이지만 냉장고장–아일랜드–식탁을 일렬로 쭉 넣어 거실과 주방을 명확하게 구분 지었다. 화려한 아라베스크 문양의 타일 역시 공간에 힘을 실어주는 요소. 복도 쪽으로 설치된 금속유리 파티션 덕분에 아늑한 다이닝룸이 만들어졌다.

냉장고장·아일랜드·식탁 자체 제작 **금속 유리파티션** 자체 제작
조명 디스조명 PAR30 LED 레일조명+PLUTO 펜던트BLACK

book cafe · dress room
북카페·드레스룸

커다란 원목 테이블과 의자 그리고 한 면을 빼곡하게 채운 책장이 인상적인 북카페. 거실과 같은 타일로 마감한 덕분에 두 곳이 이어진 공간으로 느껴진다. 작은 LED등을 천장 곳곳에 매입하고 테이블 위에는 펜던트 조명을 설치해 조도를 확보하면서도 은은한 분위기를 살려냈다. 이곳의 또 다른 기능은 드레스룸. 책장 맞은편 벽을 가득 메운 붙박이장이 바로 옷장이다. 최대한 옷장처럼 보이지 않도록 디자인에 심혈을 기울였다. 붙박이장 옆 슬라이딩 도어를 열면 파우더룸과 드레스룸이 연결돼 외출 시 동선이 편리하다.

바닥재 기존 상태 **타일** UAE 수입 타일 **시스템 선반** 자체 제작
붙박이장 자체 제작 **슬라이딩 도어** 자체 제작 **조명** 75Ø LED SPOT
펜던트 디스조명 PLUTO 펜던트 WHITE
테이블·의자 테이블 자체 제작 / 투앤원 자체 판매상품

bedroom
침실

온전히 휴식만을 위한 방. 기존의 가구에 맞춰 톤 다운된 그린 컬러를 사용, 차분하고 아늑한 느낌이 들도록 했다. 이곳의 가구와 소품은 모두 잠자는 데 필요한 것들 뿐이다. 침대와 협탁 그리고 조명만으로 꾸며져 작은 방이지만 충분히 넓게 사용이 가능하다.

바닥재 기존 상태 **도배** 아트피셔 MUJI 벽지 **블라인드** 자체 제작

tip

1 배경이 될 마감재의 컬러 선택
바닥과 벽, 천장은 무채색 계열로 하되 톤과 질감에만 변화를 주고 조명과 패브릭 등의 소품에 한두 가지 컬러를 정해서 포인트를 주는 것이 좋다. 분위기를 바꾸고 싶을 때 소품과 패브릭 변경만으로도 큰 효과를 볼 수 있기 때문이다.

2 비용 절감을 위해
조명과 포인트 벽면 타일 시공 등의 부분 공사가 비용 대비 큰 효과를 볼 수 있다. 기능적인 부분은 시스템 붙박이 수납장으로 해결하고 전체적인 스타일을 결정짓는 기성가구는 최소한으로 구매하여 배치한다.

kids room
아이방

아이 있는 집의 가장 큰 고민은 수납이다. 그래서 수납 효과를 최대한 볼 수 있도록 곳곳에 수납장을 맞춤 제작하기로 했다. 아직 어리지만 아이가 자라더라도 쓰임에 모자람이 없도록 고심한 공간이다. 기존의 붙박이장을 살리되 시스템 가구를 추가로 제작해 옷장과 책상, 책장, 침대까지 모두 한 공간에 배치했다. 책상으로 자는 공간을 분리해 넓지 않은 공간을 효율적으로 활용한 케이스. 책상 하부에 숨겨진 책장 역시 아이디어 아이템이다.

가구 자체 제작

낡은 아파트의 심플 하우스 재탄생기

라이프스타일에 맞춰
고쳐 사는 즐거움

$105 m^2$

변화가 모여 조화를 이룰 때 그 집의 분위기가 완성된다. 원하는 요소 하나하나가 표출된 공간이라면 더할 나위 없이 멋진 집이 되지 않을까. 그렇다고 복잡하지 않다. 심플하다. 작은 것 하나 놓치지 않고 세심하게 디자인해 고친 즐거운 집을 만났다.

story 집에 대한 애정과 관심은 누구나 클 수밖에 없다. 인천 송도에 위치한 105㎡ 아파트를 구입하고 개조를 결심한 이 부부의 경우도 다르지 않았다. 적지 않은 금액을 들인 만큼 그들이 꿈꿔왔던 집에 대한 기준에 맞춰 업체를 선택했고, 3주간의 공사가 시작되었다. 우선 현실적인 부분을 고려해 최대한 가족의 요구사항을 수용하고 집을 변화시켜 나갔다. 집안을 밝게 그리고 넓어 보이도록 하되, 현관은 인상적으로, 거실은 휴식을 위한 공간으로, 주방은 흔하지 않은 디자인으로 만들어 달라는 것이 제안이었다. 이를 하나씩 해결하는 과정은 도전의 연속이었지만 힘들었던 만큼 결과는 기대 이상으로 만족스럽게 나와 주었다.

point 체리목의 마감과 누수로 인한 바닥 손상 등, 10년 된 아파트는 그 세월만큼이나 낡은 흔적이 곳곳에 머물러 있었다. 공간과 조건의 제약이 있었지만 그렇다고 모두 포기할 수는 없는 법. 얼마나 효과적으로 네 식구의 바람을 실현하느냐가 관건이었고, 이에 주방 확장과 가구 배치를 통한 공간 및 컬러 계획이 병행되었다. 우선 오래된 집을 좀 더 넓고 환하게 보이도록 하기 위해 화이트 컬러를 베이스로 삼고, 블랙, 그레이 등의 차분한 컬러로 안락하고 편안한 느낌을 연출했다. 여기에 우드 소재의 마감재와 가구 등을 배치해 무게감을 덜어 전체적으로 시원한 개방감을 주었고, 쉼을 위한 가족의 공간을 완성할 수 있었다.

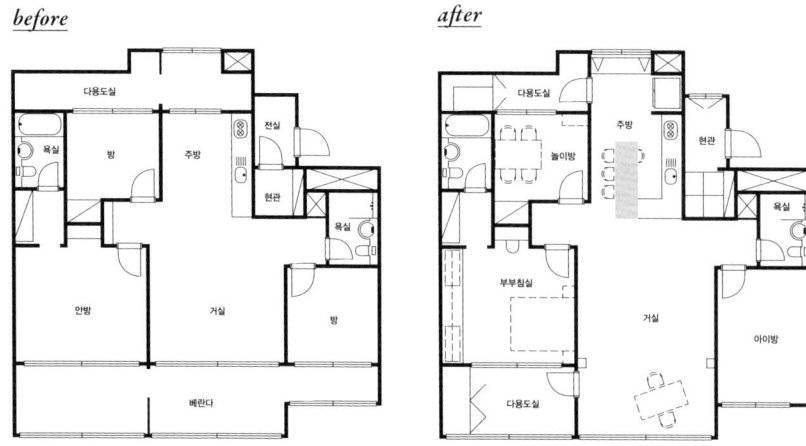

entrance
현관

집의 첫인상을 좌우하는 현관. 이곳 역시 화이트를 기본으로, 구로철판으로 이중 창호를 설치하고 작은 나무 테이블과 포인트 컬러의 액자를 두어 드나들 때마다 작은 갤러리 느낌을 연출했다. 네 식구의 신발을 모두 보관할 수 있는 넉넉한 신발장을 한쪽 벽면에 제작해주었고, 간접 조명을 활용해 온화한 첫인상을 더했다.

현관 중문, 창문 구로철판 제작(중원금속) **신발장** 업체 제작
조명 니오조명 **타일** 타일루체 **대리석** 크리마마필

tip
모던하면서도 따스한 공간을 만들고 싶다면

기본이 되는 베이스 컬러와 보조색상, 포인트 컬러의 조화가 가장 중요하다. 이 집의 경우 화이트 벽체는 베이스 컬러, 도어의 진회색과 철재는 포인트 컬러, 그리고 마루와 가구 등의 우드는 중간 색상의 역할을 하는 소재로 구성하여 모던하면서도 따뜻한 느낌을 주도록 매칭했다. 조명의 색도 전체적인 콘셉트에 맞추어야 공간에 통일성이 생긴다.

평형	105㎡(33py)
공사 기간	20일
공사 범위	도배, 베란다 단열 및 도장 공사, 마루 공사, 베란다 확장, 욕실 공사, 타일공사, 전기 배선 및 조명공사, 천장 몰딩, 걸레받이 공사, 가구 제작(주방가구, 신발장, 식탁, 붙박이장, 서랍장, 침대, 협탁 등), 도어 제작, 금속 공사(중문, 이중창호), 섀시 필름 시공
비용	약 4천5백만 원
시공	바나나안바나나 070-7621-3475 www.graybanana.co.kr

living room
거실

다른 공간과 마찬가지로 거실 또한 최소한의 기능만 살려 가구를
꽉 채우기보다 꼭 필요한 것만 신중하게 두었다. 햇살 잘 드는 창가
한쪽에는 테이블을 배치해 아이들과 함께 책을 읽을 수 있는 서재의
역할을 겸하도록 했고, 한쪽 벽면에는 긴 선반을 설치해 장식 효과를
높였다. 자칫 밋밋해 보일 수 있는 공간은 헤링본 무늬로 시공한
바닥재를 선택한 덕분에 전체적으로 차분한 인상을 준다. 포인트
컬러의 액자 및 소품, 원목 마루와 가구가 공간에 생기를 불어 넣는다.

벽, 천장 LG하우시스 벽지(실크) **바닥** 동화F&B **조명** 니오조명
방문 주문 제작 후 페인트 마감

기존에 있던 붙박이장은 재사용하기 위해 각 방의 문과 같은 진한
그레이 컬러의 슬라이딩 도어를 설치하여 지저분한 부분을 가리고
포인트월 역할을 하도록 했다.

kitchen
주방

애초 평면은 주방과 거실이 애매하게 나뉜 탓에 동선이 매끄럽지 않고, 독립적인 기능도 갖지 못했다. 이에 파티션을 제작해 공간을 분리했다. 싱크대 부분을 가릴 정도만 철제 프레임의 파티션을 설치해 하단에 수납을 위한 공간까지 확보할 수 있었다. 상부장 대신 우드선반을 두고 레일과 슬라이딩 도어를 설치하여 열고 닫음을 자유롭게 조절할 수 있게 해주었고, 원목 다이닝 테이블을 길게 놓아 시각적 확장 효과를 연출했다.

바닥 동화F&B **벽** 타일루체 **싱크대** 디자인 제작(도장 마감 / 인조대리석) **후드** 일렉트로룩스 **수전** 수입제품
파티션 및 도어 구로철판 제작 후 패턴유리(중원금속)

좁은 면적을 보완하기 위해 주방 확장공사를 진행했는데, 이로 인한 열 손실을 고려해 이중 창호를 설치하고 하부장을 놓아 수납에 신경썼다.

이 집에서 가장 포인트가 되는 선반. 남다른 주방 공간을 원한 클라이언트의 바람을 담아 상부장 대신 우드선반과 슬라이딩 도어로 수납장을 제작해주었다.

tip

비용 절감을 위해

기존의 수납장이나 붙박이장을 재사용하는 대신 도어를 새로 달거나 페인팅 혹은 필름 시공을 함으로써 비용 절감 효과를 볼 수 있다. 또 기존의 창호를 전면 교체하는 대신 구로철판으로 이중창을 설치하면 디자인적인 요소와 단열 그리고 비용 절감까지 세 가지가 해결된다.

bedroom
침실

침실은 그레이 컬러를 기본으로 침대, 붙박이장, 서랍장을 같은 소재의 우드로 제작하여 모던하면서도 따뜻한 느낌을 연출했다. 한쪽 벽면 전체에 붙박이장을 두어 수납영역을 확보했는데, 문을 여닫을 때 별도의 공간이 필요하지 않도록 슬라이딩 도어를 설치했고, 간접조명을 놓아 기능적인 효과를 높였다. 욕실과 이어진 곳 또한 수납장 기능을 활용할 수 있는 디자인으로 제 몫을 톡톡히 해낸다.

벽, 천장 LG하우시스 벽지(실크) **바닥** 동화F&B
가구(침대, 붙박이장, 서랍장) 디자인 제작

침실 안쪽에는 부부의 욕실이 위치한다. 다른 크기 및 색상의 타일로 벽과 바닥을 마감해 단조로움을 피했다. 거울 달린 선반장은 활용도가 높다.

bathroom
욕실

깔끔한 프레임의 중문을 열고 들어서면 왼편에 아담한 욕실이 자리한다. 육각형의 타일 바닥은 튀지 않으면서도 세련된 포인트가 되고, 블랙 컬러로 톤 다운된 수납장이 밸런스를 맞춘다.

타일 타일루체 **위생도기** 아메리칸스탠다드, 쿠세라
거울, 수건걸이 이케아

심플한 그리고 감각적인 내추럴하우스

오롯한 휴식을 주는
나의 집

105.78 m²

화이트와 그레이 톤 공간에 원목가구와 소품들로 스타일을 더한 이곳은 젊은 부부의 두 번째 집이다. 집은 집다워야 한다는 생각으로 자연스러운 공간을 만들고 싶었다. 큰 장식 없이 심신이 쉬어갈 수 있는 군더더기 없는 편안하고 아늑한 내추럴 하우스.

story 신혼집처럼 마냥 깔끔한 인테리어가 돋보이는 이곳은 의류사업을 하는 부부의 공간이다. 먼저 살던 신혼집은 상가의 좁은 원룸이었기 때문에 내 집이라는 생각이 별로 없었다. 3년 만에 집다운 집을 갖게 되자, 그동안 꽁꽁 감춰두었던 집에 대한 로망을 마음껏 풀어내고 싶었다. 낮과 밤이 바뀐 생활 패턴을 가진 터라 집은 그야말로 휴식을 위한 곳이어야 한다는 것이 철칙이었다. 그래서 반드시 군더더기 없는 내추럴 스타일로 꾸미겠다고 마음먹었다. 1999년도에 지어진 오래된 아파트. 일단 바닥 난방 등의 기초공사에 충실해야만 했다. 또 거실과 주방이 좁고 안방이 넓은 옛날식 구조라 공간을 좀 더 쓸모 있게 계획해야 했다. 특히 안방을 멀티로 사용하길 원했기에, 고민에 고민을 거듭했다. 현관문을 열자마자 마주하게 되는 욕실도 거슬려 현관 구조도 고민 대상이었다.

point 거실과 주방은 특별한 기능을 부여하기 보다는 본연의 기능에 충실하도록 기본적으로 구성했다. 편안하고 자연스러운 분위기를 원했기 때문에 바닥은 나무컬러를 그대로 살린 내추럴 오크로 시공하되, 넓지 않은 거실을 고려해 폭이 좁은 마루를 깔았다. 또 마루와 비슷한 우드 소재를 가구에 적용해 밸런스를 맞췄다. 이 집의 첫 번째 포인트는 안방이다. 침대, 붙박이장, 책상 겸 화장대, 에어컨 매입 수납장, 세면대, 빔 프로젝트 설치까지 많은 가구와 기능이 한 공간에 담겨져야 했던 만큼 고민이 많았던 공간. 어찌나 알차게 꾸미고 감췄는지, 다양한 기능과는 달리 깔끔하게 정돈된 공간이 놀라울 정도다. 두 번째는 현관. 현관에서 욕실이 보이는 것이 싫었던 부부는 중문을 사선으로 제안했다. 현관을 비스듬히 리모델링해 독특한 개성은 물론 더욱 넓은 내부 공간까지 얻은 케이스. 집에 따스함을 더해주는 욕실의 무늬목 슬라이딩 도어 역시 빠질 수 없는 포인트다. 기존의 문을 떼어내고 슬라이딩으로 제작해 밋밋한 벽에 작은 재미를 준다.

entrance
현관

사선으로 된 독특한 스타일의 중문. 집에 들어서자마자 보였던 욕실이 보이지 않아 일단 만족. 의도치 않게 내부공간이 넓어져 흡족하기만 한 공간이다. 비스듬한 현관 덕분에 독특한 개성은 물론 넉넉한 신발장까지 덤으로 얻었다. 바닥은 민트 컬러의 육각 타일을 사용해 산뜻하게 연출하고 신발장에는 거울 도어를 달아 더욱 넓어 보인다.

타일 TNP인터네셔널(MIST GREEN MATE 진그레이) **조명** 라이팅인하우스
신발장 제작가구 **현관중문** 제작가구

before

after

평형 105.78㎡(32py)

공사 기간 약 33일

공사 범위 전체 철거, 전체 벽 및 천장 목공사(도배), 마루 공사, 전기배선 및 조명 설치, 천장 몰딩, 걸레받이 공사, 욕실 공사, 거실욕실 무늬목도어 제작, 주방·화장실·현관 타일 공사, 현관 중문 제작, 현관 타일 교체, 신발장 신설, 도어 신설 공사, 주방 제작가구, 안방 제작가구, 집 전체 섀시 교체, 거실 발코니 공사(단 높임, 탄성코트 및 단열공사, 가구제작), 폴딩도어 시공, 주방 발코니 타일교체·제작가구

비용 비공개

시공 카민디자인 02-545-2208
carmine-design.com

living room
거실

나뭇결이 그대로 드러나는 내추럴 오크 색상의 바닥과 화이트 컬러의 조화로 산뜻하고 밝아 보이는 거실. 가족이 모이는 공간은 심플했으면 했다. 그래서 선택한 것이 일자형 소파 하나와 미니멀한 디자인의 테이블 그리고 TV가 전부다. 다소 허전한 공간은 푸른 식물들이 채워주니 머물기만 해도 편안해지는 공간이다. 거실이 좁게 나온 편이라 마루는 폭이 넓은 것보다 좁은 것으로 시공하고 메인 조명 역시 최대한 얇은 것으로 선택했다.

마루 이건 온돌마루 제나 오크 **조명** 광진조명(차망매입 LED 605x605) **섀시** 이건창호
벽지 대우무지벽지 35025-01(화이트) **폴딩도어** KS토스템(화이트)

balcony
발코니

낡은 아파트이니만큼 단열에 문제가 생길 수 있어 발코니 확장은 포기했다. 대신 벽과 천장에 단열공사를 한 뒤 폴딩도어를 시공했다. 그리고 거실과 단 높이를 맞춰 확장감을 주고 바 테이블을 제작해 알파공간으로 연출했다. 무늬목으로 제작한 테이블과 짙은 그린 컬러의 포인트 월이 공간을 한층 따스하게 만들어준다.

바닥 윤현상재(NATURAL ST. BASALTINA)
벽면도장 삼화페인트 0062F(카키) **펜던트** 라이팅인하우스
테이블·체어 무늬목 제작가구, 철제 체어 제작

kitchen
주방

산뜻하고 밝아 보이는 주방. 다양한 문양의 알록달록한 컵과 그릇이 진열되어 있어 보기만 해도 기분이 좋아진다. 가벼운 느낌을 위해 과감히 상부장을 없애고 자주 사용하는 그릇을 제외한 나머지는 주방 옆에 딸린 서브 주방에 수납하게끔 했다.

노랑과 파랑, 이 색의 조합만으로도 생기가 넘치는 식탁이다. 둥근 갓 모양의 펜던트 조명이 공간을 한층 아기자기하게 꾸며준다. 언제나 정돈되어 있는 깔끔한 주방에서 부부가 함께할 맛있는 식사가 그려진다.

전기밥솥, 전기레인지, 토스트기 등 주방가전이 있어 자주 들락거릴 수밖에 없는 서브 주방. 메인 주방과 바닥 높이를 맞추고 가구 역시 같은 마감재를 사용해 주방의 연장으로 사용할 수 있도록 했다.

섀시 이건창호
벽 타일 윤현상재(화이트 무광)
싱크대 상부 제작가구(화이트도장 + 무늬목슬라이딩도어)
싱크대 하부 제작가구(진그레이 펫트)
냉장고장 제작가구(진그레이 펫트)
상판 아이스버그
식탁 펜던트 까사인루체(스쿱300LED)
후드 하츠KCH-90S
싱크수전 아메리칸스탠다드(VISTO-K)

bathroom
욕실

따스하고 아늑한 느낌을 연출하는 데 나무만한 소재도 없다. 무늬목 슬라이딩 도어로 포인트를 준 욕실. 밝은 우드 컬러가 공간에 온기를 불어넣어, 밋밋했던 벽면이 살아나는 듯하다. 무늬목은 천연소재로 스크래치나 습기에 약하므로 유지 관리는 필수다.

도어 무늬목 슬라이딩도어 **세면대** 아메리칸스탠다드 IDS클리어
세면수전 아메리칸스탠다드 미니멀 **양변기** 대림바스 CC-213
벽타일 TNP인터네셔널(CLOUDY CHARCOAL)
바닥타일 윤현상재(화이트무광육각타일)

마치 신혼집을 꾸미듯, 욕실도 예쁘게 꾸미고 싶었다. 차분한 그레이 컬러의 타일로 벽면을 마감하고 단순한 사각타일 대신 육각 모자이크 타일로 바닥을 시공해 단조로움에서 벗어났다. 거울장을 달 경우 좁아 보일 것을 염려해 수납장은 거울 위로 올렸다.

dress room
드레스룸

온전히 옷을 보관하고 갈아입는 용도로 사용하고 있는 드레스룸.
화이트 붙박이장에 전신 거울 하나로 심플하게 꾸몄다.

벽지 제일벽지 실크벽지 베이직 362-4 **바닥** 이건 제나 오크
붙박이장 제작가구/ UV화이트+실버롱바

bedroom
침실

가벽을 활용해 효율성을 높인 공간. 가벽 안쪽으로 붙박이장을 짜 드레스룸을 만들고 맞은편에는 미니 서재를 만들었다. 붙박이장 제일 윗칸에 벽걸이 에어컨을 매입해 공간에 군더더기를 없앴다. 천장에 설치된 빔 프로젝트는 한 주 내 쌓인 피로를 영화 한편으로 말끔히 씻어 줄 부부를 위한 아이템. 방으로 들여놓은 세면대의 이질감을 줄이기 위해 안방 가구의 마감재를 모두 통일해주었다.

벽지 대우무지 35025-01(화이트) **조명** 휴빛조명 솔라루체 면조명 40W **옷장** 제작가구(UV 화이트+실버몽바)
침대 벽부등 메가룩스 볼트월 LED **서재 벽부등** 메가룩스 마르스벽등 LED **서재가구** 무늬목도어+노출손잡이
세면대 아메리칸스탠다드 아카시아E **세면수전** 그라치아 상 101B **세면대 벽타일** 윤현상재 GPG 12MATT
세면대 펜던트 공간조명 스트라이트1등 펜던트 LED

tip

내추럴하고 편안한 공간을 만들기 위해선

편안함을 느끼기 위해서는 여러 가지 요소가 필요하지만 무엇보다 컬러의 조합이 중요하다. 너무 많은 컬러를 사용하게 되면 시각적으로 안정감을 느끼기가 어렵다. 최대한 3가지 컬러를 사용하되, 톤의 변화 정도를 시도하는 것이 안전하다. 포인트 컬러를 사용한다면 원색보다는 파스텔톤의 소품을 활용하는 것이 전체적인 통일감을 해치지 않는 선에서 효과적이다.

서재와 파우더 역할을 동시에 할 수 있도록 책상을 길게 제작하고 한쪽으로는 거울을 달았다.

침실에 속옷이나 이불, 잠옷 등을 보관할 수 있는 붙박이장을 두면 동선이 한결 편리해진다. 붙박이장 위쪽에 벽걸이 에어컨을 수납해 사용하지 않을 때는 에어컨을 감쪽같이 숨길 수 있다.

bathroom
침실 욕실

샤워할 공간도 없이 좁았던 욕실. 세면대를 침실로 빼내고 그 자리에 샤워기를 설치해 욕실을 한층 효율적으로 사용할 수 있게 됐다. 좁은 곳이니만큼 미니멀한 수납장과 블랙&화이트 콘셉트로 심플하게 꾸몄다.

상부 수납장 이케아 BRICKAN **샤워수전** 그라치아 장 201B
휴지걸이 이케아 hjalmaren 화이트 **수건걸이** 이케아 hjalmaren 화이트
양변기 대림바스 CC-213 **벽타일** 윤현상재 **바닥타일** 보노타일(BN NE-02)

자동차 디자이너가 산다

퇴근을 부르는
나의 힐링 하우스

107 m²

차분한 인테리어를 원한다면 이 집이 답이다. 이곳에서는 마치 시간이 멈춘 듯 아주 천천히 흐를 것만 같다. 거슬리는 것 하나 없이 잔잔함으로 무장한 곳. 그렇다고 지루할 거라 생각하면 오산이다. 곳곳에 눈길을 끄는 아이템들이 숨어 있다.

story 수리라곤 해본 적이 없는 20년 된 낡은 집. 커피 프랜차이저 마케터인 아내와 자동차 디자이너인 남편, 트렌드에 민감하고 개성 있는 부부가 선택한 신혼집이었다. 남들은 이런 집을 어떻게 계약할 생각을 했냐 하겠지만, 부부의 머릿속에는 이후 모습이 생생하게 그려졌다. 하얀 도화지 같은 공간에 디자인 가구와 소품들이 들어선 장면 장면이 말이다. 설레고 기대됐다. 묵을 만큼 묵은 세월의 때는 말끔히 벗겨버리고 최대한 깔끔하게, 아늑하고 따뜻한 집을 만드는 것이 첫 번째 목표였다. 그리고 두 번째는 부부의 취미가 반영된 작업실 그리고 거실이 휴식의 공간이 되는 것이었다. 그리하여 탄생한 말끔한 이 집. 언뜻 보면 너무나 깔끔해서 새침데기 깍쟁이 같은 집이지만, 머물수록 녹아드는 친근함에 매료되니 신기할 따름이다.

point 현장마다 반복되는 고민은 언제나 정해진 예산 대비, 최대한의 효과다. 이 집 역시 마찬가지. 똑 떨어지는 심플함을 위해 벽면을 페인트로 시공하고 싶었지만 예산이 턱없이 부족했다. 뒤지고 뒤져서 페인트 느낌이 나는 화이트 벽지를 찾았고 가격 대비 최상의 효과를 얻었다. 포인트로는 다크 그레이, 그레이, 라이트 그레이로 톤을 조절해 사용했다. 자칫 잘못 사용하면 칙칙해 보이는 컬러를 톤온톤 스타일로 적절히 매치한 것. 그런 다음 원목을 곳곳에 접목시켜 포근한 느낌을 더했다. 머무르기에 좋은 공간이 되니 집에만 있어도 힐링이 된다. 자동차 마니아라면 구경만으로도 시간 가는 줄 모를 취미실 또한 공들여 완성했다. 다양한 모형 자동차를 전시할 수 있도록 진열장을 제작하고 한쪽에는 아내의 취미인 첼로를 두었다. 서재를 겸용한 취미실이므로 수납이 넉넉하되 깔끔하게 보일 수 있도록 계획했다.

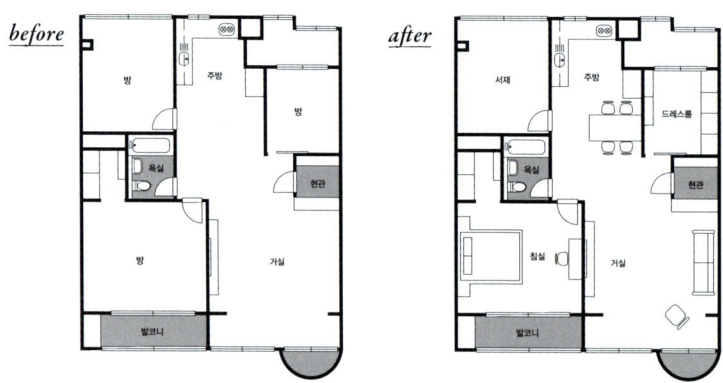

entrance
현관

단정하게 똑 떨어지는 사각 중문이 말끔한 인상을 주는 현관. 신발장 하단을 띄워 자주 신는 신발을 보관하거나 손님이 왔을 때도 깔끔한 정리가 가능하게끔 했다. 무채색 일색인 공간에 원목을 살짝 가미, 거기에 식물을 배치하니 자연스레 생기가 돈다. 매입형 수납장은 별도의 공간을 차지하지 않아 유용한 아이템이다.

벽 신한벽지 **바닥** 윤현상재 타일 **수납장** 오크 무늬목
신발장 우레탄 도장 제작 **중문** 금속에 우레탄 도장 제작

평형 107㎡(32py)

공사 기간 4주

공사 범위 도배, 섀시 공사, 금속 중문 제작, 마루 공사, 욕실 공사, 타일 공사, 전기 배선 및 매입 조명 설치, 천장 몰딩 공사, 걸레받이 공사, 도어 제작, 주방 가구 제작, 가구 제작

비용 비공개

시공 샐러드보울 디자인 스튜디오
02-3442-0401
www.salad-bowl.co.kr

사진 studiogifaffe

living room 거실

새하얀 도화지처럼 깨끗하게 꾸며진 거실. 화이트 벽면에 밝은 컬러의 마루를 시공해 화사한 분위기가 완성됐다. 군더더기가 없어 심심했던 공간이 동그란 모양의 스피커와 부드러운 곡선의 에그체어 덕분에 한층 풍성하고 아늑해졌다. 가득 채워지지 않은 거실이지만 남다른 감각이 느껴진다.

창호 LG 베스트 섀시 **벽** 신한 벽지 **바닥** 지복득 마루 **조명** led 매입조명
소파 바이헤이데이 멀티 소파 **1인 체어** 프리츠한센 에그체어 **스피커** B&O 스피커

tip

1 이 집처럼 모던하게 연출하고 싶다면
편안한 분위기의 모던한 집을 원한다면 기본 배경은 화이트가 무난하다. 그리고 소품은 다크그레이, 그레이, 라이트 그레이를 아무렇게나 믹스매치 하되, 블랙 컬러는 최대한 절제하는 것이 좋다. 거기에 원목을 접목시키면 조금 더 포근하고 따뜻한 느낌을 연출할 수 있다. 또 전체가 무채색일 때 중문 정도에 포인트 컬러를 사용하면 개성 있는 분위기를 만들 수 있다. 색을 고를 때는 최대한 원색을 피하고, 톤 다운된 컬러를 선택해야 세련된 톤앤매너가 완성된다.

2 추천 사이트 및 샵
바이헤이데이 www.byheydey.com (디자이너 그룹 HEYDEY의 가구 브랜드)
이케아 코리아 www.ikea.com/kr/ko (조립식 가구, 침구류, 주방용품, 욕실용품 등)

kitchen
주방

주방 살림이 많지 않아 상부장 대신 원목으로 선반을 설치해 캐쥬얼한 공간으로 연출했다. 거실에서 주방이 훤히 보이는 구조라 마감재와 가구 등의 소품에도 신경을 썼다. 화이트와 그레이 컬러의 타일로 벽을 마감해 세련됨을 더하고 주방과 거실의 경계면이 되는 다이닝 공간에는 원목 테이블로 포인트를 주었다.

타일 윤현상재 수입 타일 **씽크대** 자체 제작 **조명** 매입조명 **식탁** 이케아 **펜던트** 모던라이팅

bathroom
욕실

화사하게 연출된 다른 공간과는 달리 톤 다운된 그레이와 블랙 위주로 구성했다. 최대한 모던하고 시크한 느낌이 나도록 디자인했다. 군더더기 없이 깔끔한 블랙 테두리 거울과 디테일이 돋보이는 수납장이 인상적이다.

타일 윤현상재 수입 타일 **욕실기기** 아메리칸스탠다드 **수납장** 이누스 선반 수납장

room
취미실

직업이 자동차 디자이너인 남편의 취미는 모형 자동차 수집이다. 결혼 전부터 모아왔던 터라, 그 개수만 해도 어마어마해 진열장 제작은 필수였다. 전면에 짙은 그레이 컬러로 책장을 제작하고 중앙에는 자동차를 진열할 수 있는 공간을 별도로 마련했다. 여기에 조명까지 달아 진열효과를 톡톡히 보는 중이다.

벽 신한벽지 **바닥** 지복득 마루 **조명** led 매입조명 **자동차 진열장** 루나스페이스 제작 제품 **서재책상** 이케아

tip
비용 절감을 위해
전부 잘하고 싶다는 마음보다는 잘 꾸미고 싶은 공간을 극대화해서 살리는 것이 효과적이다. 이 집의 경우 취미실에 집중을 한 케이스. 제작가구는 보기엔 좋지만 비용이 많이 들기 때문에 줄이고 기본적인 단열과 확장에 투자하는 것을 권한다. 현재는 미완성 같아 보여도 살면서 하나씩 꾸며가는 것도 비용 절감과 더불어 소소한 재미다.

수납장 맞은편으로는 책상 두 개를 나란히 배치해 집에서도 각자의 자리에서 업무를 볼 수 있다. 베란다 확장 공간엔 아내의 취미인 첼로 연주 공간도 별도로 마련, 무엇을 하건 부부가 함께 할 수 있어 그야말로 신혼집답다.

bedroom
침실

원목가구와 화이트 침구로 호텔에 온 양 쾌적하게 느껴지는 침실. 매일 바쁜 업무에 시달리는 부부가 집에 오면 편히 쉴 수 있도록 화이트 커튼과 원목가구를 사용해 아늑함과 포근함을 살렸다.

벽 신한벽지 **바닥** 지복득 마루 **조명** led 매입조명 **침대** 벤스침대

dress room
드레스룸

붙박이장을 좌우로 배치해 최대한 넉넉한 수납이 가능하게끔 했다. 하지만 붙박이장 때문에 공간이 좁아져 문을 열 수 없는 상황. 기존의 문을 떼어내고 슬라이딩 도어를 설치해 문제를 간단히 해결했다. 또 문 안쪽으로는 전신 거울을 달아 일석이조의 효과를 보고 있다.

벽 신한벽지 | **바닥** 지복득 마루 **조명** mr 매입 조명
붙박이장 제작 제품

보면 볼수록 따스하고 재미지다

다양한 마감재와 컬러가
공존하는 감각적인 집

102.5 ㎡

집을 들여다보면 사는 이들의 성향을 엿볼 수 있다. 통통 튀는 두 아이들만큼이나 개성 넘치는 부부가 사는 이 집 역시 그러하다. 평범하지 않은 마감재와 다양한 색의 조합으로 완성된 공간. 그저 머무는 것만으로도 즐거워진다.

story 화이트와 블루 그리고 원목과 적벽돌. 여러가지 컬러와 질감이 조화를 이루고 있는 묘한 집. 그래서인지, 이 집을 들여다보고 있노라면 재미가 느껴진다. 공사를 의뢰한 부부 역시 그점을 노렸으리라. 패브릭 디자이너로 활동 중인 아내가 오랜 시간 발품 팔아가며 그녀의 상상 속 이미지를 실현해 줄 업체를 찾아다녔기에 이뤄낸 결과물이다. 80년대 준공된 아파트로 채광, 환기, 난방 등 집의 기능적인 부분 모두를 개선해야 할 정도로 노후가 심각한 상태였다. 또 수납공간이 미비했기에 수납장 제작에 주력하되, 비효율적인 방의 구조를 보다 효율적으로 쓸 수 있도록 유연한 공간 구성이 필요했다. 또 해맑은 어린 두 딸을 위해 어느 곳에서나 즐거움을 선사할 수 있는 따스하고 재미난 디자인에 집중했다.

point 좁아 보이는 거실을 보완하기 위해 발코니 확장을 고민했으나, 연식이 오래된 아파트의 경우 겨울철 단열에 문제가 될 수 있어 폴딩 도어를 선택했다. 여기에 시각적으로 더 넓어보이도록 노출천장을 시도했다. 천장의 절반만 노출한 독특한 천장 덕분에 공간이 한층 다채로워졌다. 정리정돈에 철저한 아내의 요구에 따라 모든 수납장은 붙박이장으로 설치했다. 거실에는 월플렉스를 주방에는 키 큰 장을 설치해 최대한 많은 수납공간을 확보하고, 아이방의 책상과 책장을 비롯해 아내의 작업실 가구 역시 맞춤 가구로 제작했다. 다양한 컬러와 재질의 마감재를 사용했기에 조화에 대한 고민도 컸다. 일단 각 업체에서 샘플을 받아 일일이 직접 대조해보는 방식으로 진행했다. 비록 시간은 오래 걸렸지만 만족스러운 결과물을 만들기에는 이만한 방법이 없다고. 거실과 주방 곳곳에 사용된 옐로우 컬러는 공간에 유쾌함을 더해주는 포인트로 아이들은 물론 부부에게도 즐거운 자극이 되어준다.

entrance
현관

즐거운 상상이 시작되는 곳. 왠지 모를 기대감으로 들뜨게 만드는 현관이다. 기하학적인 무늬와 화려한 색상의 랜덤 타일이 생동감이 넘치는 집의 첫인상을 자아낸다. 빈티지한 컬러의 중문이 자칫 산만해질 수 있는 공간에 무게감을 실어준다.

바닥타일 구스토 타일 **중문도장** 벤자민무어 울트라스펙 **신발장** 그레이몽 제작

before

after

평형 102.5㎡(31py)

공사 기간 20일

공사 범위 창호 교체(폴딩도어 및 내부 창호 교체), 천장 페인팅 공사, 마루 공사, 도배 및 필름, 욕실공사, 타일공사, 전기 배선 및 조명 설치, 목공사(도어 교체, 천장 몰딩 교체, 걸레받이 교체, 가벽 시공, 중문 설치), 주방 가구 및 붙박이 가구 제작

비용 4천5백만 원

시공 아크몽스튜디오 02-2201-0601
www.archmong.com

living room
거실

비확장으로 인한 답답함을 보완하기 위해 선택된 노출천장과 폴딩도어. 거기에 적벽돌 타일과 빈티지한 블루 컬러가 조화를 이뤄 노천카페를 연상케 한다. 소파 맞은편으로는 모던한 스타일의 월플렉스를 시공해 집의 전체적인 균형을 잡아주는 동시에 다량의 수납까지 가능하다.

마루 구정마루 강마루 **벽지** 개나리 벽지 **메인 조명** 매입 2구 파상공
월플렉스 그레이몽 제작 **소파, 소파테이블** relact gallery **폴딩도어** 세진폴딩
창호 LG 창호 **천장도장** 벤자민무어 울트라스펙
코지벽 수납장 현장제작, 벤자민무어 울트라스펙

balcony
발코니

연식이 오래된 아파트 발코니를 확장하면 겨울철 추위가 문제될 수 있다. 바닥 층을 올려 거실과 높이를 맞춘 후 폴딩도어를 시공, 시선이 트여 한층 넓어 보인다. 바닥은 밝은 컬러의 육각타일로 마감해 산뜻하다.

타일 구스토 타일 **펜던트** 천일라이팅

kitchen
주방

좁고 답답한 평면으로 확장이 필요했지만 전체가 내력벽으로 둘러싸여 있어 구조 변경은 불가능했다. 넓은 공간감을 위해 거실에 이어 주방까지 천장을 노출시키고 가구와 타일 모두 화이트로 통일했다. 또 한쪽 벽면에는 ㅡ자 형으로 조리공간을 최대한 확보하고 반대편으로는 키 큰 장을 짜 넣어 냉장고 수납까지 해결했다.

싱크대 및 키큰장 그레이몽 제작 **주방벽타일** 암사동 반석타일
식탁, 의자 relact gallery **펜던트** 천일라이팅

tip

1 컬러 인테리어를 하고 싶다면
너무 강렬한 컬러의 무분별한 사용은 피하는 것이 좋다. 반드시 써야 한다면 메인 바탕이 되는 컬러를 심플하고 차분하게 정돈한 상태에서 포인트 컬러로만 사용하는 것이 효과적이다. 넓은 면에 짙은 컬러를 시공할 경우 자칫 가구와 소품 매치에 어려움이 생긴다.

2 추천 사이트 및 샵
짐블랑 www.jaimeblanc.com (유럽 수입 인테리어 소품)
쏘홈 www.sohome.co.kr (모던 수입 가구)
이노메싸 www.innometsa.com (가구&리빙 편집샵)

bedroom
침실

무늬목 자재로 제작한 침대와 책상으로 공간이 한층 따스하고 아늑하다. 허전한 벽면에는 부분 조명과 둥근 거울로 포인트를 주고 초록 잎사귀가 달린 나뭇가지를 걸쳐 산뜻함을 더했다. 우드와 그레이, 화이트로 이뤄진 차분한 톤이 조화로운 공간.

벽지 개나리 벽지 **붙박이 침대, 책상** 현장 제작 및 필름마감

work room
작업실

패브릭 디자이너로 색색의 패브릭과 미싱이 놓여 있는 아내의 작업실. 동선을 고려해 넓은 ㄱ자형 책상을 두고 위아래로 넉넉한 수납장을 마련했다. 집중을 해야 하는 공간이니만큼 차분한 그레이 컬러가 주를 이루되, 옐로우와 그린 컬러로 포인트를 줘 생동감을 불어넣었다.

벽지 개나리 벽지 **전체 붙박이 가구** 그레이몽 제작

kids room
아이방

아이들이 책을 보는 독서실로 혹은 그림을 그리는 미술실, 놀이를 하는 놀이방 등 다양한 용도로 활용이 가능하다. 알록달록한 아이들 용품이 가득 채워질 것에 대비해 배경은 화이트 컬러로 결정했다. 책장은 월플렉스로 제작하고 하단에는 아이들이 걸터앉아 책을 볼 수 있도록 수납형 벤치를 마련했다. 길게 제작된 책상은 두 아이가 나란히 앉아 그림을 그리거나 공예를 하기에 충분하다.

벽지 개나리 벽지 **전체 붙박이 가구** 그레이몽 제작 **책상다리, 벽 선반** rareraw **메인등** 라인방등 pl3구

bathroom
욕실

청결한 느낌이 드는 화이트 컬러를 선택하되, 정사각형의 무광 타일에 블랙 줄눈 시공으로 단조로움을 피했다. 자체 제작한 ㄱ자형 거울이 기존의 거울장이 줄 수 없는 개성을 더해준다.

벽, 바닥타일 윤현상재 **천장** 목공제작 후 벤자민무어-울트라스펙 도장마감 **도기류** 대림바스 **거울** 구로철판 제작

답답한 공간 살려내는 마법의 인테리어
어번 하우스 디자인으로 한층 넓어진 거실

112㎡

넓은 면적도 아니지만 좁은 편도 아니다. 그런데도 답답하게 느껴지는 것은 구조에 문제가 있다는 것. 이 집의 주인 역시 무언가 변화가 필요하다고 느꼈을 게다. 새 집임에도 손을 댈 수밖에 없었던 것은 그만한 이유가 있기 마련이다. 효율적인 배치로 공간을 정리해 개방감을 살리고 불필요하게 넓은 공간은 남는 곳 없이 빠짐없이 활용한 변신의 기술.

story 신규 아파트 입주를 앞두고 인테리어에 손을 대느냐 마느냐, 갈림길에 선 부부. 새 아파트라는 것이 걸림돌이었다. 새 집을 고친다는 것이 생각만큼 쉬운 건 아니었다. 기존의 튼튼한 마감재나 가구의 질을 떨어뜨릴 수 있었고 욕실과 바닥 공사를 제외한 시공이라 전체적인 어우러짐도 관건이었다. 그러나 오래 전부터 '이사를 하게 되면 반드시 이 업체에 맡겨야겠다' 마음먹었을 정도로 원하는 스타일이 확고했던 터라 업체미팅 후 별다른 어려움 없이 척척 진행됐다. 우선 창이 많고 답답한 구조라 면적에 비해 상대적으로 좁아 보이는 거실과 주방이 문제였다. 소파나 식탁 등의 메인 가구를 어디에 둬야 할지 난감한 상황. 큰 비용을 들여 대대적인 공사를 하기에는 새 집인 만큼 아까웠다. 비용이 많이 들어가는 철거는 최대한 줄이고 기존 것을 활용하되 예산 절감을 위해 스타일링 위주로 진행이 결정됐다.

point 전체적인 거실 디자인은 부부의 성향에 맞춰 도시적이고 시크한 어반 하우스 스타일로 진행됐다. 복도형 아파트로 주방과 거실이 안에 배치돼 아늑한 구조이기는 하나, 공간이 좁은데다 아일랜드 식탁이 중앙에 떡하니 가로막고 있어 식탁 놓을 자리가 없었다. 게다가 주방 수납장들이 지나치게 덩치가 커 더욱 좁아 보였다. 각 공간을 제대로 활용하기 위해 구조 변경이 계획됐다. 가장 큰 비중을 차지했던 냉장고와 김치냉장고 수납장은 팬트리 공간으로 숨기고 주방에 거울을 시공해 넓어 보이는 착시 효과를 노렸다. 그리고 그 앞으로 6인용 식탁을 배치해 주방을 주방답게 사용하도록 했다. 거실은 창이 많아 공간이 좁아 보이고 활용도가 떨어지는 것을 감안, 블라인드로 한쪽 창을 가리고 가로로 긴 타일을 투톤으로 시공해 공간이 한층 넓어 보이도록 했다.

entrance
현관

세련된 고급스러움이 묻어나는 블랙 프레임의 중문. 기존의 신발장과 바닥이 밝은 컬러로 시공되어 있던 터라, 블랙으로 밋밋한 공간에 포인트를 주었다. 군더더기 없이 투명 유리로 시공하고 싶었지만 아직 어린 아이들의 안전을 위해 망입 유리를 시공, 의외로 잘 어울려 만족스럽다.

중문 자체 제작, 금속 망입유리

before

after

평형 112㎡(34py)

공사 기간 25일

공사 범위 전체 도배, 부분 필름(도어 리폼 및 걸레받이, 일부 섀시), 서재 및 주방 가벽 페인팅, 안방·주방·서재·부분 하지보강 등 부분 목공사, 거울 시공, 현관 금속 중문 및 파티션, 전기배선 공사, 조명설치, 거실 벽 타일 공사, 줄눈 공사, 가구 제작, 홈 스타일링(액자·패브릭·기성가구)

비용 약 3천만 원대(홈 스타일링 제외)

시공 림디자인 02-468-3005
www.rimdesignco.co.kr

hallway
복도

집의 전체적인 콘셉트에 맞춰 차분하고 도시적인 분위기로 꾸며졌다. 현관을 열면 자연스레 이어지는 블랙 컬러의 공간. 조명과 수납장, 포토월을 배치하고 수납장이 튼튼하게 버틸 수 있도록 하지보강까지 완벽히 마무리했다. 조명과 액자는 적은 비용으로 인테리어 효과를 높일 수 있는 가장 좋은 아이템이다. 이케아에서 구입한 수납장은 심플한 디자인에 저렴하기까지 해 여러모로 쓰임이 많다.

조명 메가룩스 비비사각(흑색) **벽지** LG테라피 7032-7(깊은밤 그레이)
액자 RIBBA Frame, black 50×50cm **수납장** 이케아

tip
비용 절감을 위해

인테리어 공사 시 가장 비용이 많이 들어가는 부분은 철거와 목공이며, 마감재의 종류와 사양에 따라 비용이 오르기도 내리기도 한다. 기존의 것을 유지하는 상태에서 톤의 매칭에 중점을 두되, 벽지와 같은 평범한 재질에 조명을 설치하고 포인트가 되는 소품만 배치해도 큰 효과를 낼 수 있다

living room
거실

거실 벽면에는 그레이톤의 타일을 시공해 차분하고 이지적인 분위기를 연출했다. 가로로 긴 타일을 상단은 밝고 하단은 어둡게 시공한 덕분에 시각적으로 확장돼 보인다. 공간에 창이 많으면 가구 둘 곳이 마땅치 않을 뿐 아니라, 좁아 보이기 마련. 소파 뒤 창문에 화이트 블라인드를 설치해 마치 깔끔한 벽면처럼 처리했다. 가구와 소품 그리고 패브릭까지 모두 톤을 맞춰 그 어느 곳을 바라보아도 시선이 편안하다.

벽 타일 윤현상재 **플로어스탠드** 메가룩스
쿠션 키티버니포니, 바이지미 **러그** 블랑데코

kitchen
주방

주방 내부의 一자 싱크대만 남기고 나머지 수납장을 모두 철거, 새로운 주방이 탄생했다. 덩치 큰 주방가전은 조리대 옆 팬트리 공간으로 옮기고 널찍한 다이닝룸에는 6인용 식탁이 들어섰다. 화이트와 블랙으로 심플하게 꾸몄지만 반짝이는 펜던트 조명 덕에 지루할 틈이 없다. 가벽을 세워 아늑함을 살리되, 답답하지 않도록 철제 프레임에 유리창을 단 것도 관전 포인트. 다이닝룸의 벽면 가득 채운 거울이 주방은 물론 거실까지 넓어보이게 한다.

조명 모던라이팅 **식탁** 인조대리석 주문 제작 **가벽** 목공필름, 금속프레임, 강화유리 **수납장** 하이그로시

bedroom
침실

자기 전에 간단한 업무를 볼 수 있는 공간이 필요했기에 입구 쪽에는 책상 겸 화장대를 두고 안쪽으로는 침대를 놓았다. 기존에 파우더룸과 드레스룸이 있던 자리를 철거하고 콤팩트한 붙박이장을 설치, 한 치의 낭비 없이 공간을 활용했다. 호텔 같은 침실을 꿈꿨다는 부부를 위해 침대 양쪽으로 조명을 달아 아늑한 분위기를 연출했다.

침구 블랑데코 **벽지** LG지안벽지 **육각거울** 까사미아
화장대/책상 주문 제작 (에쉬 블랙) **액자** 빈페이퍼
조명 메가룩스 **드레스룸 붙박이장** 포밍하이그로시

study room
공부방

두 딸이 나란히 앉아 공부를 하거나 책을 볼 수 있도록 알차게 꾸며졌다. 서재는 서재다워야 한다는 부부의 요청에 따라 가벽과 선반을 이용해 기존의 붙박이장과 책상 공간을 분리시켰다. 아이들이 성장함에 따라 책과 소품으로 방이 가득 메워질 것을 감안해 계획표와 시계는 최대한 심플한 것을 선택, 책상 앞에 붙여놓은 타공판도 재미있는 요소다.

책상/서랍 펀잇처스 **타공판** 에이치 바이엔지 **선반** 목공 무지주

bedroom
아이 침실

거실과 마찬가지로 창이 많아 가구 배치에 고민이 많았던 곳이었다. 공간의 정리를 위해 한쪽에는 커튼을 나머지 창에는 화이트 블라인드를 시공했다. 전체적인 컬러는 화이트와 그레이 등 모노톤으로 꾸미되 여자아이들이 사랑하는 핑크 컬러로 포인트를 줘 달콤한 느낌을 살렸다. 서랍장과 옷장, 책상, 침대 등으로 공간이 빈틈없이 채워졌다.

침대 웨스트프롬 **수납장** 한샘(샘키즈) **침구** 잇츠디자인 **커튼** 데코뷰
액자 하일리 힐즈 **페인트** 벤자민 무어 2112-50 Stormy Monday **조명** 비초조명

tip
스타일링의 시작은 톤의 연결

스타일링에 있어 톤의 연결성을 만들어주는 것이 무엇보다 중요하다. 창문이나 시선을 가로막는 가구 등 잡다한 것들이 많아지면 제아무리 돈을 들이더라도 인테리어 효과를 보기 어렵다. 베이스 컬러로 주변을 심플하게 정리하는 것이 가장 필요한 일이다.

단순한 평면을 거부한다
짜임새 있는 공간분할 아파트 개조기

115.7 m²

오픈된 평면은 공간을 넓어 보이게는 하지만 아늑하고 정리된 맛은 떨어지기 마련이다. 두 아이들이 좀 더 안락하고 깔끔한 집에서 살길 바라는 마음을 담아 짜임새 있는 인테리어가 진행됐다. 낮은 가벽을 설치해 자질구레한 주방 살림을 감추고 한 공간을 과감히 둘로 나눠 공간의 효율성과 포근한 맛까지 살린 아이디어 등. 다양한 가벽 활용기가 놀라울 정도로 펼쳐진다.

story 낡을 대로 낡은 31년 된 아파트. 기초 설비를 비롯해 기존의 구조를 변경하기 위해 공사를 의뢰했다. 부부와 아이 둘이 함께하는 집으로 따로 또 같이 생활하며 각자의 개성이 담긴 방을 갖길 원했다. 우선 설계도면을 통해 내력벽과 비내력벽을 확인, 철거 가능한 곳은 과감히 철거해 새로운 평면을 구획했다. 특히 구조 변경이 가장 시급했던 곳은 주방이었다. 거실과 주방이 하나로 연결되어 있었고 동선이 불편한 기존의 주방구조 때문에 넓긴 해도 횅해 보이고 가구 배치가 어려웠다. 게다가 일반적인 구조에서 탈피해 부띠끄 레스토랑 같은 다이닝룸을 원했기 때문에 대대적인 공사가 진행됐다. 주방의 레이아웃을 잡기 위해 여덟 번에 걸친 평면 수정작업이 이루어졌다.

point 주방 입구에 가벽을 세워 한쪽 편에는 조리공간을 나머지 공간에는 다이닝룸을 만들어 자연스럽게 평면을 나눴다. 조금은 낯선 구조지만 편리한 동선의 조리대와 주방 내부에 자리 잡은 이색적인 다이닝룸은 부부의 마음에 쏙 들었다. 주방의 정돈된 분위기에 맞춰 거실도 심플하고 차분한 스타일로 디자인됐다. 전체적인 컬러는 화이트와 그레이, 블랙을 기본으로 우드를 조합해 따스하면서도 넓은 공간으로 연출했다.

독특한 공간 구획은 주방뿐만이 아니다. 곧 학교에 들어갈 큰 아들과 아직 어린 아들이 자신의 공간에 대한 애착을 가질 수 있도록 아이들이 좋아하는 컬러로 방을 꾸며주되, 침대와 책상 공간의 분리로 한층 포근한 맛이 가미됐다. 안방 역시 가벽을 세워 침실을 독립된 공간으로 나누고 안쪽으로는 드레스룸과 미니서재를 둬 빈틈없이 활용하고 있다.

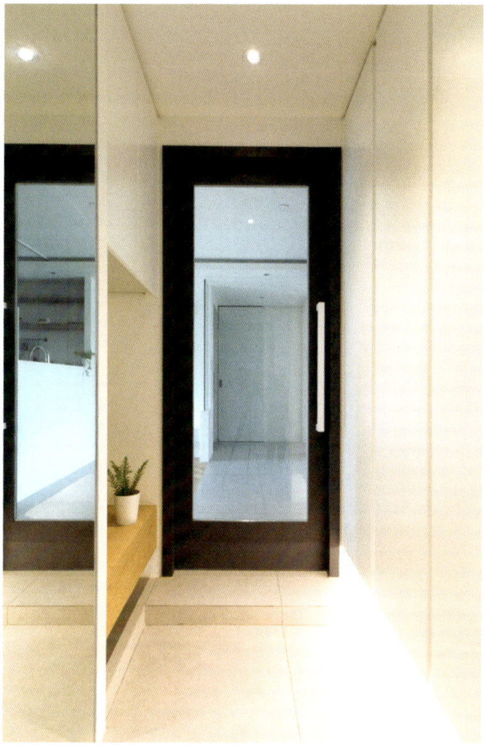

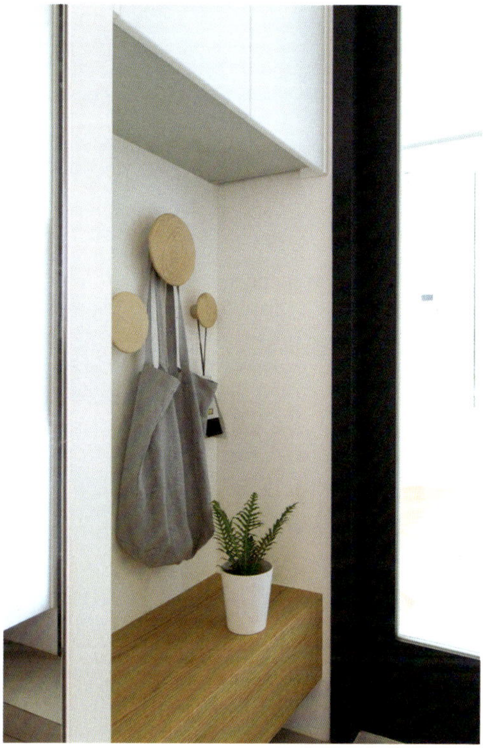

entrance 현관

깔끔하고 정돈된 느낌의 현관. 아이들을 앉혀서 신발을 신기거나 가방이나 짐을 올려놓을 수 있도록 벤치를 두고 상부 수납장을 달아 수납공간을 늘렸다. 좌우 수납장으로 인한 답답한 느낌을 덜 수 있도록 좌측으로는 전신거울을 전면에는 투명 유리가 매입된 중문을 달았다. 톤 다운된 네이비 컬러의 중문이 공간의 포인트다.

벽 벤지민무어 OC-117 SIMPLY WHITE **바닥** 윤현상재 G601503N **현관벤치** 필름, LG프리미엄우드 NW033
후크 무토 The Dots Coat Hook **중문** 던에드워드 DE6378 JET

평형 115.7㎡(35py)

공사 기간 39일

공사 범위 가살 및 철거 공사, 섀시 교체, 확장 공사, 설비 공사(수도이설 및 바닥 난방), 벽면 및 천장 도장 공사, 마루 공사, 타일 공사, 필름 래핑 공사, 욕실 공사, 전기배선 및 조명 설치, 주방가구 및 가구 제작, 커튼 및 블라인드 제작

비용 약 9천2백만 원

시공 옐로플라스틱 070-7709-3542
yellowplastic.co.kr
blog.naver.com/otherj

living room
거실

넓어 보이는 효과를 얻기 위해 깔끔한 화이트 도장을 선택. 오래된 아파트의 단점인 낮은 천장을 철거하고 노출형 천장을 시공한 덕분에 확장감이 배가 됐다. 메인조명 대신 제작한 간접 조명의 은은한 불빛이 가족 간 애정을 한층 돈독하게 해준다. 아이들이 어려 바닥은 원목마루로 하되, 부메랑 모양의 헤링본 마루를 시공해 리듬감을 부여했다.

벽 벤자민무어 OC-117 SIMPLY WHITE **바닥** 데카 원목마루 헤링본 시공 **키큰장 및 TV선반** 현장 제작
나무인형 카이 보예센(Kay Bojesen) Monkey 1951 Small **모빌** 플렌스테드 모빌(Flensted Mobiles) Symphony

tip
이 집의 인테리어를 따라하고 싶다면

도장 벽면은 컬러 선택이 다양하고 걸레받이나 천장몰딩 없어 전체적인 라인감이 좋으나 의자가 닿는 부위, 손이 자주 닿는 자리 등이 오염되기 쉽고, 도배보다 2~3배 비싸므로 단점을 인지한 후에 진행하는 것이 좋다.
노출 천장을 할 경우 메인 조명을 없애고 간접 조명을 설치하게 되는데, 이 때 간접 조명이 메인 조명의 역할을 해 어둡게 느껴질 수 있으므로 조명에 민감하다면 시공 전 반드시 조도 체크가 필요하다.

kitchen
주방

주방과 거실의 경계가 없는 오픈형 구조가 싫어 가벽을 이용해 공간을 분할했다. 답답하지 않도록 낮은 가벽을 설치하고 안쪽으로는 수납이 넉넉한 조리공간을 매입, 자질구레한 주방 살림을 감추는 효과까지 얻었다. 게다가 거실을 바라보며 조리할 수 있는 대면형 주방으로 가족 간의 돈독함도 챙겼다.

깊숙한 주방의 내부에는 톤다운된 그린 컬러와 연그레이 컬러로 포인트를 준 다이닝룸이 숨어 있다. 이곳에 있으면 마치 레스토랑에 온 듯 하다며 가족 모두가 좋아하는 공간이다.

벽 벤자민무어 OC-117 SIMPLY WHITE / 벤자민무어 2122-10 DARK PEWTER / 벤자민무어 HC-169 COVENTRY GRAY
바닥 윤현상재 G601503N **싱크대** 디자인 제작
조명 루이스폴센 PH 5 **테이블** 헤이(Hay) Loop Stand Table 1800
의자 프리츠 한센 Series 7 Chair **시계** 로이레트니 LED벽시계

bedroom
침실

별도의 드레스룸이 없는 구조라 안방을 과감히 반으로 나눴다. 침대만 들어갈 정도의 콤팩트한 공간을 확보하고 가벽을 두어 드레스룸을 조성했다. 벽과 바닥에 다른 컬러의 마감재를 사용해 마치 두 개의 방을 쓰고 있는 듯하다. 드레스룸 한 켠에는 추후 선반으로도 활용이 가능한 스트링시스템을 이용해 미니 서재를 만들었다.

벽 벤자민무어 OC-49 TITANIUM, 던에드워드 DE6328 ANCHOR GRAY
바닥 윤현상재 G601503N, 마니타일 SS4004
조명 구비(GUBI) Semi SM-1 **책상** 스트링시스템(String)

bathroom
욕실

파우더룸 겸용 욕실. 가로로 길게 제작된 세면대와 직사각형의 거울이 공간을 한층 넓어보이게 한다. 평수에 비해 좁았던 구조를 변경하기 위해 욕실과 연결된 작은아이방의 벽체를 철거, 욕조 자리를 확보했다. 욕조는 두 아이가 함께 들어갈 수 있을 정도로 넓어 아이들이 가장 좋아하는 공간이 됐다.

벽 윤현상재 P360627 MATT

변기 옆으로는 불투명 유리를 매입한 파티션을 세워 프라이버시를 보호하고 변기 위에 선반을 설치해 넉넉한 수납공간도 마련됐다.

kids room
큰 아이방

자는 곳과 공부하는 곳을 분리하기 위해 침대 주위로 다크네이비 컬러의 파티션을 설치했다. 좁은 공간에 가벽은 답답할 수 있으므로 낮게 설치, 탁 트인 느낌을 살렸다. 또 가벽에 창을 뚫어 책이나 휴대폰 등 간단한 소품 수납도 가능하다.

벽 벤자민무어 OC-117 SIMPLY WHITE
파티션 벤자민무어 HC-155 NEWBURYPORT BLUE
바닥 강마루, 동화자연마루 나투스강 화이트워시오크
침대 비아인키노 Noir Nasa Bed **이중책장** 디자인 제작

kids room
작은 아이방

아직 어린 둘째 방에는 놀이를 위한 자석보드와 책을 수납할 수 있는 수납장과 선반이 배치됐다. 엷은 블루 컬러 페인팅으로 따스하면서도 차분한 분위기로 꾸며졌다.

벽 던에드워드 DE6360 FOIL
바닥 강마루, 동화자연마루 나투스강 화이트워시오크

tip
추천 사이트 및 샵

이노메싸 www.nordicdesign.kr (가구&리빙 편집샵)
에이치픽스 www.hpix.co.kr (북유럽 리빙브랜드 편집샵)
르위켄 www.leweekend.co.kr (홈데코, 인테리어 소품)
챕터원 꼴렉트 www.chapterone.kr (가구&리빙 브랜드 편집샵)
짐블랑 www.jaimeblanc.com (유럽 수입 인테리어 소품)
펌리빙 www.fermliving.com (덴마크 리빙 브랜드)
데이글로우 www.dayglow.co.kr (인테리어 소품)
도쿠 www.toku.kr (포스터)
하일리힐즈 hailyhills.com (포스터)
마마스코티지 www.mamascottage.com (수입 인테리어 편집샵)
꼬또네 www.cotone.co.kr (패브릭)
키티버니포니 www.kittybunnypony.com (패브릭)
주미네 www.jumine.com (패브릭)
비아인키노 wekino.co.kr (가구)

인테리어 디자이너의 상상 속의 공간

아이를 위한 집, 미니멀리즘을 말하다

115.77 m²

인테리어 디자이너의 집은 과연 어떨까. 바오미다의 성동명, 홍상아 실장이 항상 마음에 품어왔지만 쉽게 풀어낼 수 없었던 상상 속의 집을 공개한다. 가구는 줄였지만 곳곳에 쓰임이 많은 아이템들이 자리 잡고 있어 단순하지만 알차다. 그 어느 곳에서도 가족의 동선과 시선이 끊이지 않고 이어지는 곳. '가족이 그들의 디자인 철학이듯이 편안하고 사람 냄새 나는 집이 보여주는 미니멀리즘 공간이다.

story 지난 해 내 집을 마련한 성동명, 홍상아 부부. 내 집을 장만하자, 그들도 역시 남들과 똑같은 고민에 빠졌다. 우리 가족만의 공간을 어떻게 꾸미는 것이 좋을까. 지금까지 수많은 아파트들을 개조해왔지만 막상 내 집을 고치려니 쉽지 않았던 모양이다. 더구나 지금까지 해왔던 방식과는 전혀 다른 시도를 해보고 싶은 욕심에 디자인만 수개월이 걸렸다. 가족들의 생활 패턴을 오랜 시간 되짚어보다 보니, 결론은 하나. 두 아이가 중심이 되는 집이었다. 밖에 나가지 않고도 얼마든지 즐길 수 있는 놀 거리, 즐길 거리가 있는 곳. 그래서 아이들이 즐겁게 생활할 수 있는 공간, 그것이 바로 가족에게 필요한 집이었다.

point 우선 준공 된지 10년이 넘은 아파트라 진한 체리색 몰딩과 우물천장 등 내부 마감재 교체가 필요했다. 면적에 비해 좁아 보이게 하는 불필요한 데코와 가벽들을 철거하고 쓰임에 맞게 가구제작이 이어졌다. 공간을 넓게 사용하기 위해 거실 소파, 침대, 아이방 벙커 등 덩치가 큰 가구들을 최대한 심플하게 만들고 수납까지 연계되도록 디자인했다. 새로운 구조를 시도하려보니 집안의 벽들이 모두 내력벽이어서 평면의 변화가 쉽지 않았다. 그래서 문을 없애거나 문이 있던 자리에 벽을 세우고 작은 창을 내는 등 다양한 방법으로 평면의 변형을 시도했다. 특히 거실을 중심으로 놀이방과 아이들 침실, 이 세 공간이 유기적으로 이어져 어느 곳에서도 동선이 끊이지 않는다. 다락을 만들어 복층으로 개조한 아이 침실과 기어오르거나 뛰어다니면서 놀 수 있도록 높낮이를 달리한 바닥 등 다채로운 공간은 아이들을 위한 부부의 선물이다.

entrance
현관

블루 컬러로 포인트를 준 현관. 기존의 붙박이 신발장을 떼어내고 큰 부피의 짐이나 부츠 등 높이가 있는 물건을 넣어두려고 별도의 공간을 만들었다. 맞은편에는 운동화나 구두 등의 낮은 신발을 위한 오픈 신발장을 제작해 사용하기에 편리하다. 유리창을 달아 서로 훤히 들여다보이는 다이닝룸과 현관이 특색 있다.

현관문 던에드워드 페인트 **바닥** 포세린타일 **벽** 던에드워드 친환경페인트
신발장·붙박이장 자체 제작

before

after

평형 115.77㎡(35py)
공사 기간 부분 공사로 수개월에 걸쳐 진행(보통 6~7주 소요 예상)
공사 범위 구조 변경, 노출천장 공사, 마감재 교체, 베란다 확장, 가구제작, 스타일링
비용 비공개
시공 ㈜바오미다 02-511-4702
www.baomida.co.kr

living room
거실

그레이 타일 바닥과 화이트 벽면으로 전체적으로 모던하고 심플한 분위기의 거실. 언뜻 보면 부부의 취향만을 담은 듯 보이지만 거실에 놓인 소파와 넓은 평상은 아이들이 놀기 좋게 제작한 가구다. 특히 창가 평상은 아이들의 춤추고 노래 부르는 무대이자 놀이터가 되는 동시에, 놀이방과 아이 침실을 이어주는 가교 역할을 한다. 영화를 좋아하는 남편을 위해 TV를 놓는 대신, 빔프로젝트를 설치했다.

바닥 포세린타일 **벽** 던에드워드 친환경페인트
소파 자체 제작 **평상** 원목마루, 자체제작

kitchen
주방

군더더기 없이 미니멀한 공간이 돋보인다. 벽면으로 향해 있던 기존의 싱크대를 거실을 향하도록 배치하고 벽에는 냉장고 수납장과 작은 팬트리를 배치해 한층 넓고 정돈돼 보인다. 너무 높아 사용이 불편한 상부장 대용으로 생각해 낸 팬트리는 자주 사용하는 각종 냄비와 그릇, 다양한 양념통과 식료품들을 보관하는 만능 수납장소다. 오래 두고 보아도 질리지 않는 블랙&화이트 인테리어에 블루컬러의 의자가 포인트가 되어준다.

바닥 포세린타일 **벽** 던에드워드 친환경페인트 **타일** 수입타일 **주방가구** 자체 제작
아일랜드 바스툴 헤이 about a stool **식탁** 자체 제작 **펜던트** 덴마크 수입 제품

tip
비용 절감을 위해

공사가 진행되고 있다면 계획된 디자인을 변경하지 않아야 한다. 도중에 변경사항이 발생하면 3~4가지 공정을 다시 해야 할 경우가 생기기 때문. 그래서 사전 디자인계획이 중요하다. 꼼꼼하게 잘 계획된 디자인이어야 변경도 없고 공사일정도 늘어지지 않는다.

bedroom
침실

다양한 기능을 갖춘 안방. 방 안에 침실, 드레스룸, 서재를 각각 독립된 공간으로 나누되 동선을 유기적으로 연결했다. 기존 다용도실을 확장해 만든 침실엔 단을 올리고 마루를 시공해 좌식 공간을 만들고 그 위에 매트리스를 올려 간결하게 연출했다. 또 방 안에 가벽을 세워 드레스룸과 서재를 완벽히 구현해냈다.

바닥 포세린타일 **벽** 던에드워드 친환경페인트 **평상형 침대** 단 제작, 원목마루 **드레스룸** 자체제작 **서재 책상 및 수납선반** 자체제작 **서재 서랍장** 이케아

tip
수납공간은 리스트 작성이 우선시 되어야

어느 집이건 살림살이와 아이들의 물건을 처리할 수납공간은 필수다. 하지만 수납장이 많다고 해서 실용적인 것은 아니다. 필요한 장소에 적절하게 만들어야 정리가 편하고 집을 깔끔하게 유지할 수 있다. 공간마다 수납리스트를 작성하고 이에 맞는 수납공간을 만드는 것이 해결책이다.

드레스룸으로 통하는 입구 옆으로는 커다란 대리석을 깔고 소품을 배치해 포인트를 주었다. 시즌에 따라 소품을 바꿔 다른 분위기를 연출할 수 있다. 가벽 뒤편으로는 드레스룸이 자리하고 있다.

드레스룸 가벽 맞은편에는 부부가 함께 사용해도 충분할 정도로 넓은 서재 공간이 만들어졌다. 공간의 효율을 높이기 위해 일자로 책상을 설치하고 수납장을 짜 넣었다. 서재를 구성할 땐 콘센트나 인터넷 선들을 염두에 두고 가구의 자리를 정하는 것이 중요하다.

kids room
아이방(침실)

다락방을 싫어하는 아이가 있을까. 두 아이들에게 비밀의 장소를 만들어주고 싶어 복층 구조의 작은 다락방을 계획했다. 공간이 좁아 보이지 않도록 별도의 가구를 두기 보단 2층에는 매트리스를 깔아 잠자는 공간으로, 아래에는 옷장과 책장을 짜 넣었다. 아이들이 스스로 정리할 수 있도록 모든 수납장은 아이들의 눈높이에 맞춰 제작했다.

바닥 원목마루 **벽** 던에드워드 친환경페인트 **슬라이딩 도어·수납가구** 자체제작

방문을 떼어내고 벽을 세운 뒤 두 개의 창문을 냈다. 아래 창문을 통해 고개 숙여 들어가는 모습이 아지트에 들어가는 양 흥미롭다. 2층에 낸 작은 창은 안과 밖을 들여다볼 수 있는 재미있는 요소다.

아이들 침실에서 바라본 거실 평상. 아이 침실과 거실, 놀이방이 하나로 연결되어 있어 자유롭게 드나들 수 있다.

kids room
놀이방

벽과 바닥 그리고 가구를 화이트와 그레이로 통일해 깔끔하게 꾸미되, 패턴 타일을 이용해 개성을 살렸다. 그림 그리기를 좋아하는 아이들을 위해 넓은 테이블을 두고 크고 작은 장난감류을 정리할 수 있는 넉넉한 수납장도 마련됐다. 창가에는 조그마한 화단을 만들어 아이들에게 초록 식물을 키우는 즐거움을 선사하고, 물도 주고 물감으로 미술놀이를 하도록 수돗가도 만들어뒀다.

바닥 포세린타일, 수입 패턴타일 **벽** 던에드워드 친환경페인트
책장 이케아 **책상** 자체 제작

tip
추천 사이트 및 샵

이케아 코리아 www.ikea.com (조립식 가구, 침구류, 주방용품, 욕실용품 등)
짐블랑 www.jaimeblanc.com (아이들 소품 및 수입 인테리어 소품)
이노메싸 www.innometsa.com (가구·리빙 편집샵)
아트와이즈 www.artwise.co.kr (아트포스터)
헌인 화훼단지 (다양하고 저렴한 가격의 화분)

bathroom
욕실

화이트 컬러를 기본으로 단출하게 구성해 넓고 쾌적한 느낌의 욕실. 감각적인 디자인의 거울과 블랙 컬러의 수전과 세면대가 공간의 포인트가 되어준다.

타일 수입타일 **수전·도기** 아메리칸스탠다드

하얀 도화지 위 세 가지 스타일의 조화

노몰딩 바탕에
군더더기가 사라진 집

102.46㎡

앤티크 소품과 패브릭을 다루는 이의 집이어서일까. 차분하면서도 기품이 느껴지는 공간. 절제된 무채색 계열의 컬러를 사용했지만 차고 건조한 느낌 보다 포근하고 아늑한 기분이 든다. 디자인 시안이며 자재 선별과 소품 등 모두 정연승 씨의 손을 거쳐 진행한 집. 업체와 손발이 척척 맞아떨어져 더욱 완성도를 높인, 모방하고 싶은 집이다.

story 시각디자인을 전공하고 워낙 집 꾸미는 것을 좋아해 신혼집도 잡지에 소개됐을 정도로 안목이 있던 집주인. 패브릭과 빈티지 소품샵을 운영했던 터라, 이번 집 역시 앤티크, 빈티지에 인더스트리얼 스타일을 접목시키고 싶었다. 우선 원하는 디자인의 자료를 스크랩하고 직접 도면과 제작가구 디자인까지 완성한 뒤 업체를 수소문했다. 인터넷을 통해 포트폴리오를 비교해가며 한 곳을 선정, 나름 착한 가격에 계약을 했다. 그러나 결과는 참패. 그녀의 제안과는 전혀 다른 스타일로 공사가 시작되었고, 원했던 자재가 아닌 엉뚱한 것들로 시공이 진행됐다. 게다가 마감상태도 엉망이었다. 지켜보다 못한 부부는 손해를 보고라도 작업을 중단시킬 수밖에 없었다. 그리고 평소 알고 지냈던 어반 헤리티지 밤비의 옥서영 실장과 함께 지금의 집을 완성하게 됐다. 분하고 억울했지만 공사하느라 수일이 흐른 터라 정신 바짝 차리고 철거부터 시작, 차분하게 직접 디자인한 공간을 조금씩 실현해나갔다.

point 50평형 대 넓은 아파트에서 살다 이곳으로 이사 온 부부의 고민은 '과연 많은 짐들을 이 집에 담을 수 있을까'였다. 안방을 제외하곤 베란다를 모두 확장해 딱히 수납을 위한 공간은 없었다. 집이 최대한 넓어보이도록 하되, 두 아이의 짐을 깔끔하게 수납하는 것이 관건. 그리하여 군더더기 없는 노몰딩과 소지하고 있던 빈티지하고 앤티크한 소품들이 어우러질 수 있는 심플한 바탕, 실용적이되 멀티가 되는 공간 활용이 곳곳에 실현됐다. 특히 좁고 불편해보였던 기존 주방을 11자로 변경해 편리한 동선은 물론이거니와 대면형으로 가족과의 돈독함까지 갖췄다. 공사기간 25일, 갖은 고생 끝에 탄생한 이 집. 화려하지 않아도 곳곳에 쓰임이 있고 편안한 동선과 시선을 유도하는 그래서 이보다 더 섬세할 수 없는 집이 되었다.

entrance
현관

심플했던 화이트 컬러의 현관에 두 아이의 성장 액자를 걸어두자 한층 따스한 공간이 됐다. 집에 들어섰을 때 답답함이 싫어 중문을 포기할까도 했지만 먼지와 냄새 차단을 위해 중문은 필수. 문틀을 없이 유리만으로 제작된 투명한 가네모 도어로 답답한 느낌을 없앴다. 양 손에 짐을 들고도 문을 열 수 있어서 편리하다.

벽 페인트(PANTONE 블랑드블랑) **신발장** 디자인 제작
바닥 윤현상재 포세린 타일

before

after

평형 102.46㎡(31.9py)
공사 기간 26일
공사 범위 벽지공사, 마루공사, 천장 노몰딩·걸레받이공사, 도어·문틀 제작, 랩핑공사, 전기배선 및 조명설치, 부분 벽면 보강, 거실(천장 노출형 공사 및 페인팅, 조명박스 제작, 빔 프로젝터·스크린 설치), 주방(가벽설치 및 칠판공사, 바닥+벽 타일공사, 수도 배수 설비공사, 싱크대 제작), 현관 (바닥 타일공사, 벽면 페인팅, 거울제작, 중문 설치, 신발장문 제작), 드레스룸 가구 제작, 욕실(타일 철거공사 및 방수공사, 천장공사, 타일공사, 선반제작), 베란다 타일공사 및 페인팅
비용 5천3백만 원
시공 어반 헤리티지 밤비
010-4765-7940 blog.naver.com/urban_heritage_bambi

living room 거실

모든 벽면은 화이트 벽지로 도배하고 섀시와 문은 화이트로 통일시켰다. 노몰딩으로 벽의 경계면을 매끈하게 다듬고 노출형 천장으로 최대한 넓어 보이는 거실을 만들었다. 노몰딩의 경우 마감면이 평평하지 않으면 심플한 느낌을 저해하므로 비용을 좀 더 들여 벽마다 석고보드 작업을 했다. 이 집의 특이한 점은 식탁 등을 제외한 모든 공간의 메인 조명을 없앴다는 것. 간접등과 매입등 위주로 조도를 조절하고 있다.

천장 페인트(PANTONE 블랑드블랑) **벽지** 서울벽지 플레인 화이트
바닥 구정마루 프라하 브러쉬골드(애쉬아몬드) **책장** 이케아 KALLAX **소파** 이케아 쇠데르함
소파테이블 디자인 제작 **화병** 힙쉬

tip

1 기초부터 꼼꼼히 확인한다
꾸밈을 생각하기 전에 기본에 충실해야 한다. 전 세입자의 짐이 빠진 후에 마룻바닥이 들떠 있길래 뜯어보니 결로가 있어 결로 잡는 공사를 한 후에 바닥공사를 진행했다. 모르고 진행했다면 마음고생 꽤나 했을 일이다.

2 비용 절감을 위해
공사 당시 고가의 자재를 고수했기 때문에 공사한 내역에 비해 비용이 많이 들었다. 주방에 들어가는 싱크볼이나 경첩, 욕실의 세면대 등 고가의 수입 자재들로만 사용했는데 사용하다보니 굳이 그럴 필요가 있었을까 싶다. 꼭 강조하고 싶은 아이템 한두 가지를 제외하고 적절한 가격대의 제품을 선택한다면 비용 절감이 가능하다. 또 기존의 가구를 가져가는 경우, 그것에 전체 스타일을 맞추는 것이 쉽고 비용도 절감된다.

10살 초등학생 아들과 5살 딸의 책 수납을 위해 거실에 책장을 뒀다. 비용 절감을 위해 제작가구 대신 기존에 가지고 있던 책장을 활용한 케이스. 목공사를 할 때 책장 윗부분을 조명 박스에 매입시키면 마치 제작가구인 양 깔끔한 마무리가 가능하다. 책장 양쪽으로 문을 달아 자질구레한 소품 보관에도 유용하다. 또 TV는 없었지만 책장 앞으로 매입형 전동 스크린을 삽입해 영화와 드라마도 놓치지 않는다고.

세심한 안주인의 손길이 느껴지는 거실 소품들. 앤티크하고 빈티지한 소품들이 공간 곳곳에 자리를 잡아 따스한 느낌을 풍긴다.

kitchen
주방

덩치가 큰 냉장고는 주방 입구에 가벽을 세워 삽입하고, 설거지나 요리를 하면서 가족과 대화를 나눌 수 있는 ㄷ자형 대면형 주방을 만들었다. 싱크대 앞뒤를 잇듯이 걸쳐 둔 원목상판은 자연스레 ㄷ자형 구조를 만들어 자리는 차지하지 않으면서 수납에 효과적이다. 주방의 메인은 칠판페인트로 마감한 벽. 종종 이달의 명언이나 아이들에게 들려주고 싶은 말들을 적어두곤 한다고. 거실과의 공간 분리를 위해 선택한 체스 타일 바닥이 한층 주방 분위기를 살려준다.

벽 서울벽지 플레인 화이트 **벽·바닥 타일** 윤현상재
벽 칠판 던 에드워드 칠판페인트 **식탁** 디자인 제작 **의자** 미하엘 토넷 no.18
조명 첸칼슨 favourite things **싱크대** 디자인 제작

kids room
아이방

장난감이나 크고 작은 물건이 많은 아이들 방도 깔끔한 수납은 기본이다. 방 창가에 제작한 좌식 책상 겸 벤치 아래에는 은근히 많은 양의 수납이 가능해 언제나 말끔한 정돈이 가능하다. 2층 침대는 아래층을 공부방과 놀이방 등으로 다양하게 사용할 수 있어 활용도가 높다. 고학년이 될 첫째에게는 침대 아래에 책상을 넣어줘 아늑한 공부방으로 장난감이 많은 둘째는 놀이방으로 꾸미되 커튼을 달아주었다.

침대 로로하우스 **책상** 이케아 **옷장** 이케아 **좌식책상 겸 벤치** 디자인 제작 **러그** H&M 홈

침대 로로하우스 **수납장** 디자인 제작
옷장 까사미아 에바 **커튼 및 쿠션** 디자인 제작

bathroom
욕실

대리석 패턴 타일로 시공된 벽면과 시멘트 질감의 바닥 타일이 오묘한 조화를 이룬다. 세면대 위에 있던 수납장을 떼어내고 가로로 긴 거울을 전면에 설치하니 공간이 한층 넓어 보인다. 지나치게 넓었던 욕조 크기를 줄이는 대신 그 만큼의 넓고 깊은 오픈형 수납장을 만들었다. 덕분에 수건, 화장지, 각종 세면도구 등 욕실 비품의 대량보관이 가능해져 가장 만족스러운 공간이 되었다.

벽·바닥 윤현상재 포세린 타일 **칫솔걸이** 자연주의
치약짜개 튜브링거 **화병** 힙쉬 **바구니** 무인양품

173

bedroom
침실

마치 비즈니스 호텔에 온 듯한 분위기의 침실. 과한 장식 없이 화이트톤으로 심플하게 꾸몄다. 베란다가 확장되지 않아 넓지 않은 공간이지만, 가벽을 세워 붙박이장을 시공하고 우측으로는 싱글 침대 두 개가 딱 들어가도록 아늑한 침실 공간을 연출했다. 침대헤드와 박스선반 역시 화이트로 최대한 간결한 선으로 제작, 선반 안쪽으로는 콘센트를 설치해 휴대기기 등 충전이 가능하다.

침대 프레임 이케아 **헤드보드** 디자인 제작 **협탁** 디자인 제작 **커튼** 디자인 제작

dress room · bathroom
드레스룸·욕실

기존에 있던 화장대와 드레스룸을 화이트 시트지로 마감하고 조명을 달아 화사한 공간으로 연출했다. 좁은 복도이니만큼 최대한 컬러 사용을 줄이고 손잡이 등 모든 액세서리 사용을 자제했다. 욕실도 밝은 타일로 마감해 깔끔해 보이도록 하되, 샤워 시 튀는 물방울로 인해 생기는 얼룩 방지를 위해 샤워부스를 제거했다.

붙박이장 디자인 제작

tip

추천 사이트 및 샵

이케아 코리아 www.ikea.com/kr/ko (북유럽스타일 가구 및 생활용품)
아이컴퍼니 www.icompany.tv (유럽 소품)
아이디어데코 www.ideadeco.com (쉐비쉬 스타일 빈티지 가구 및 소품)
엑스플랜트 www.xplant.co.kr (식물 구입 사이트)

'북카페 같은' 거실, 10년을 내다보다
현재와 미래, 두 개의 설계도로 계획된 집

109m²

어떤 집에서 살 것인가가 아닌 어떻게 집을 활용할 것인가에 맞춰진 집. 미취학 아이 둘이 있는 네 식구의 라이프 스타일을 고스란히 담아냈다. 깔끔한 마감의 월플렉스로 산만한 살림살이를 가려준 북카페형 거실, 영화감상을 비롯해 아이들이 신나게 놀 수 있는 플레이룸, 공부방이자 서재 그리고 가족침실로 꾸며진 이 집의 공간 활용기.

story 아파트 입주를 앞두고 고민이 많았다는 부부. 깔끔하게 정돈된 공간을 원했기에 어떤 가구를 들여야 할지 매일 밤 고심했다. 그러던 어느 날 그들의 눈에 깔끔한 월플렉스 사진 한 컷이 띄웠다. 바로 이거다! 라는 생각에 관련 업체를 찾았고 그렇게 첫 만남이 시작됐다. 수납공간이 부족했기에 수납장 제작과 안방의 드레스룸 배치 그리고 두 아이의 놀이공간을 만들어달라는 것이 부부의 요청이었다. 특히 그림을 좋아하는 첫째를 위한 화실은 필수였다. 기존 아파트 설계대로 하자면 TV가 있는 거실과 침실 그리고 두 아이의 방으로 계획됐을 일이다. 그러나 아직 아이들이 어려 굳이 방을 내어 줄 필요가 없었기에 공간의 변형을 시도했다. 향후 몇 년간은 가족이 함께 보낼 시간이 더 많다는 생각에서다. 하지만 아이들이 자라 개인 공간이 필요해지면 그에 따른 변화가 예상되기에 설계도를 현재와 미래, 두 가지로 그려냈다. 현재와 미래의 공간이 유기적으로 연결돼 추후 최소한의 가구 변경과 추가만으로도 공간이 완성될 수 있도록 말이다.

point 우선 소파와 TV 대신 북 카페 같은 거실 공간을 연출했다. 타일로 마감하고 식탁과 벤치를 배치한 뒤 맞은편에 월플렉스를 짜 넣어 아이들 책을 보기 좋게 수납했다. 그리고 방 세 개 중 안방은 플레이룸으로 나머지는 가족 침실과 서재로 계획했다. 플레이룸에는 영화를 보거나 게임을 할 수 있도록 TV와 소파를 배치하고 가벽을 세워 드레스룸을 만들었다. 아이들을 위한 별도의 놀이공간과 화실도 마련됐다. 현재 침대 외 작은 가구들로만 꾸며진 가족침실은 훗날 아들 차지가, 시스템 책장과 책상으로 꾸며진 서재 겸 공부방은 딸아이의 방으로 바뀔 예정이다. 아이들이 자라 각자의 방을 갖게 되면 플레이룸 역시 기존의 안방 역할을 되찾을 것이다. 10년 후 가족의 라이프스타일이 바뀌듯 공간의 역할을 자연스레 바꿀 수 있도록 한 것, 이것이 바로 이 집의 묘미다.

home cafe
홈카페

TV가 있어야 할 자리에는 책과 물건들을 충분히 수납할 수 있는 월플렉스를, 소파가 있어야 할 자리에는 6인용 테이블과 수납 벤치를 두었다. 테이블 쪽 벽은 카페 분위기를 내기 위해 타일로 마감하고 높이 조절이 가능한 시스템 선반을 달아 보이는 수납까지 고려했다. 월플렉스는 일부만 오픈형으로 제작해 답답하거나 복잡해 보이지 않는 것이 특징. 가족이 모여 식사는 물론 책을 보거나 차를 마시고 음악을 들으며 함께 시간을 보내는 공간이다.

before *after*

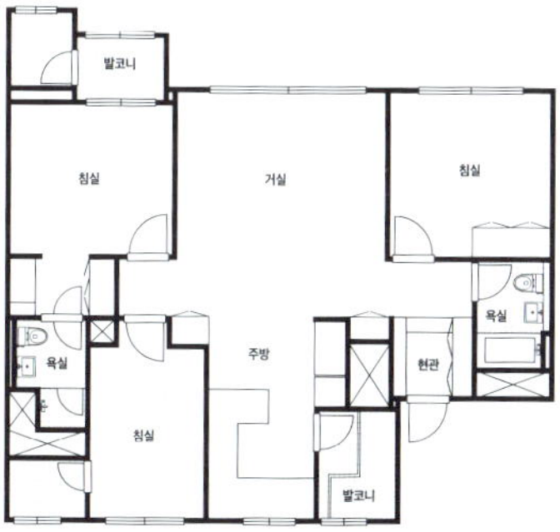

평형 109㎡(33py)

공사 기간 3주

공사 범위 전체 도배, 거실 벽타일, 거실 금속 유리파티션, 주방 타일파티션, 전체 조명, 안방 발코니 확장+단 높임, 안방 타일가벽, 전체 수납시스템가구, 거실 가구 제작, 전체 블라인드

비용 약 3천5백만 원

시공 투앤원디자인스페이스
02-547-6606 www.2n1space.com

바닥재 LG Z:IN 슈퍼강그린
타일 UAE 수입 타일
조명 750LED바리솔등, PAR30 LED 레일조명
수납소파 자체 제작
수납시스템가구 자체 제작
블라인드 자체 제작

home bar
홈바

거실과 주방 사이에는 홈바를 만들었다. 간단한 아침 식사나 아이들 간식 시간에 유용한 코너 공간. 블랙 컬러의 레일 조명과 유리파티션이 거실의 카페 분위기를 이어준다. 벽면에 설치된 검은색 타공판은 자석으로 메모나 사진을 붙일 수 있어 활용도가 높은 아이템이다.

조명 PAR30 LED 레일조명 **금속 유리파티션** 자체 제작 **주방 가벽** 자체 제작

tip
비용 절감을 위해

조명은 가격대가 매우 다양하고 형태와 크기에 따라 분위기가 확연히 달라지는 아이템이다. 조명을 가격 대비 효율적으로 활용하려면 스타일이 강한 조명을 포인트로 사용하기 보다, 전체 조명을 레일 조명이나 스팟 조명으로 통일해서 재질이나 색상을 통일시켜주는 것이 좋다. 이렇게 하면 조명 하나하나가 돋보이진 않지만 통일감 있고 계획된 공간으로 느껴진다.

kitchen
주방

홈바 옆에 자리한 주방은 아내가 가장 흡족해하는 곳이다. 주방 가구는 별도로 손보지 않았지만 주방과 홈바를 분리해주는 낮은 가벽 안쪽으로 그릇을 수납할 수 있는 수납장이 짜여 있어 매우 실용적이다. 가벽의 마감은 거실 벽과 동일한 타일로 시공해 공간에 통일감을 줬다.

play room · dress room
플레이룸·드레스룸

작은 욕실이 딸려 있는 기존의 안방을 플레이룸으로 변경했다. 영화를 보거나 게임을 할 수 있도록 TV와 소파를 배치하고, 뒤쪽에는 가벽을 세워 드레스룸을 만들었다. 추후 부부 침실로 사용될 예정이라 침대 하나가 딱 들어갈 만한 위치에 가벽을 세우고 답답하지 않도록 위쪽을 유리로 마감했다. 확장한 발코니는 단을 높여 아이들의 놀이공간으로 활용하되, 안쪽으로는 딸아이를 위한 화실도 마련하였다.

벽도배 아트피셔 MUJI 벽지 **타일** UAE 수입 타일
금속 유리파티션 자체 제작 **수납시스템가구** 자체 제작
커튼 및 패브릭 소품 자체 제작 **발코니 조명** LED 볼전구 레일조명

가벽 안 드레스룸은 걸어 보관하는 옷과 접어 보관하는 옷으로 분류해 양을 가늠한 뒤 맞춤 제작했다.

플레이룸 발코니는 놀이공간과 그림 그리기를 좋아하는 딸을 위한 화실로 꾸몄다.
다양한 미술용품을 수납할 선반과 책상, 의자만으로 아이만의 공간이 탄생했다.

tip
발코니 확장을 고민하고 있다면

발코니 확장을 할 경우 섀시를 철거하고 전용 이중창으로 교체를 해야 단열에 문제가 없다. 그러나 새 아파트의 경우 섀시 품질이 좋기 때문에 기존 것을 유지하고 단창 하나를 덧붙여 시공하는 방식으로 이중창을 만들어주는 것이 효과적이다. 또 확장 시 바닥 난방을 하는 것이 일반적이지만, 이 집처럼 바닥 단을 높일 경우 난방을 하지 않아도 사용하는데 크게 문제가 되지 않는다.

bedroom
가족침실

가족이 모두 함께 자는 침실. 아직 아이들이 어리다 보니 퀸 사이즈와 슈퍼 싱글 사이즈 침대를 붙여 가족이 함께 사용한다. 훗날 아들 방으로 사용할 공간임을 감안해 침대, 사이드 테이블, 작은 선반으로만 단출하게 꾸몄다.

도배 아트피셔 MUJI 벽지 **커튼 및 침구** 자체 제작 **조명** 디스조명 스타 전구5등

study room
가족서재

아이들의 공부방이자 부부의 서재로도 활용하는 다목적 가족서재. 큰 딸의 방이 될 예정이라 옷장과 책장, 책상까지 맞춤 제작을 해 둔 상태다. 현재 방 한 가운데 위치한 책상을 벽 쪽으로 붙인 후 침대만 들여놓으면 미래의 큰 아이 방이 완성된다.

도배 아트피셔 MUJI 벽지 **수납시스템가구** 자체 제작

리조트 호텔을 옮긴 듯, 클래식 모던 스타일의 완성

영화 속 주인공으로 사는 기분

$106\,m^2$

　　　　신혼시절 전셋집에서 셀프인테리어로 나름 감각을 키웠다 자부했었지만 막상 빡빡한 예산으로 내 집을 꾸미자니 머리에 쥐가 날 정도였다. 업무하랴 육아하랴 바쁜 일상 때문에 업체에 시공을 맡겼지만 자재와 가구 하나부터 열까지 직접 고른 덕에 비용을 절감할 수 있었다.

　　　　story 인테리어에 관심이 많았던 신혼시절, 인테리어 어플인 '오늘의 집'에 소개됐을 정도로 집 꾸미기에 열을 올렸었다. 그저 예쁜 공간이길 바라는 건 아니었다. 가족이 함께하는 장소이니만큼 머물고 싶은 곳이었으면 하는 마음이었다. 내 집을 장만했다고 해서 크게 달라진 것은 없었다. 6년 간 전세를 전전하는 동안에도, 애정을 주지 않은 집이 없었으니까. 하지만 남의 집이어서 못했던 것들을 우리 집이기에 해보고 싶었다. 특히 꿈에도 그리던 벽난로와 간접 조명으로 아늑하고 세련된 분위기를 마음껏 내보리라 결심했다. 우선 벽난로 모형을 실제로 시공한 사례가 있는 업체를 수소문했다. 이 작업만 한 달이 넘게 걸렸다. 제작이 가능하다는 곳은 많았지만 시공 사례를 가진 업체는 많지 않았기 때문. 세 군데를 추려 견적을 받았지만, 예산의 벽에 부딪혀 시공만 하는 곳에 공사를 맡기고 디자인은 직접 하기로 결심했다.

　　　　point 집 상태는 좋은 편이었지만 10년이 넘은 낡은 아파트여서 섀시와 방문만 제외하고 바닥과 벽 그리고 주방, 욕실까지 뜯어냈다. 단열 때문에 베란다를 확장하지 않기로 한 상태라, 거실을 최대한 넓고 밝게 보이려고 바닥은 밝은 폴리싱 타일로 마감하고 벽면은 화이트 벽지와 도장으로 나누어 시공했다. 벽면을 모두 페인트로 칠하고 싶었지만 비용이 만만치 않았다. 벽지와 벽난로가 어울리지 않아 고민하던 차에, 과감히 TV와 벽난로가 있는 벽만 페인팅으로 하자는 의견을 냈다. 흔치 않은 경우라 업체에서도 조심스러웠지만, 결과적으로는 대만족이었다.
거실을 비롯해 모든 공간에 간접 조명도 시공됐다. 은은하고 부드러운 분위기를 내는 간접 조명 덕분에 머물고만 있어도 영화 속 주인공이 된 듯한 기분이라고. 집 안의 포인트가 되는 모든 조명과 소품은 아내가 몇 달에 걸쳐 직접 구입한 것들이다. 특히 거실의 1인 체어와 주방의 대리석 식탁과 의자는 직접 업체에 맡겨서 제작한 것으로 희소가치가 있다.

entrance
현관

좁은 현관을 최대한 활용하기 위해 신발장을 바닥에서 띄워 자주 신는 신발은 아래쪽에 보관할 수 있게 하고 간접조명 효과를 주었다. 화이트 컬러의 신발장은 공간을 환하게 밝히는 동시에 좋은 기운도 불어넣어 준다. 입구가 좁은 편이라 중문은 생략했지만, 헤링본 패턴의 타일로 세련미를 가미했다.

바닥 욕실하우징 자기타일 **신발장** 디자인가구 제작 **조명** 매립조명

before

after

평형 106㎡(32py)

공사 기간 1개월

공사 범위 목공사(천장몰딩, 걸레받이, 도어리폼, 디자인가구 제작), 마루공사, 욕실공사, 타일공사, 전기배선·조명스위치 설치, 주방가구 설치, 거실페인팅, 랩핑공사 등

비용 3천5백만 원

시공 하우스팩토리
070-8824-9430
housefactory.co.kr

living room
거실

화장하지 않은 거실이라 최대한 넓어 보이게 벽은 화이트 컬러로 바닥은 밝은 베이지 톤 폴리싱 타일로 마감했다. 워낙 깔끔한 걸 좋아해 바닥에 놓는 TV장 대신 벽걸이 수납장을 제작하고 보기 싫게 나와 있던 선은 TV 뒤로 감췄다. 액자 하나 걸려있지 않지만 골드 컬러의 조명과 가구들이 포인트가 되어 한층 품위 있는 공간이 완성됐다. 심플한 스타일의 1인 체어는 직접 의자 공장에 주문 제작해 만든 것.

벽 개나리 57144-1, 자체도장(친환경, 두폰 더클래시) **바닥** 욕실하우징 폴리싱 타일
조명 비츠조명 **소파** 시스디자인 **1인 소파** 체어맨 주문제작 **카펫** 호크모트 **거실장** 디자인가구 제작

cozy corner
코지코너

아내가 늘 꿈꾸던 벽난로가 실현되었다. 비록 모형이지만, 촛불 조명을 이용해 벽난로 속 불꽃을 재현한 모습이 재미있다. 벽난로 위로는 이 집의 포인트 컬러인 골드가 들어간 액자와 간접 조명을 배치했다. 폴리싱 타일의 차가운 기운과 골드 컬러가 만나 럭셔리한 분위기가 연출됐다.

벽난로 자체 제작 **액자&포스터** casa

화사한 공간에 포인트가 되는 딥 블루 컬러의 도어. 기존의 문에 웨인스코팅 몰딩을 붙인 다음, 페인팅과 손잡이 교체로 비교적 저렴하고 간단하게 분위기를 바꿨다. 장식적인 디테일 덕분에 공간이 한층 로맨틱해졌다.

심플하고 모던한 화이트와 그레이 컬러에 골드로 포인트를 줘 매일 보아도 산뜻한 분위기를 자아낸다. 보기에만 예쁜 가구가 아닌 주방에서 사용하는 전자제품들을 꼼꼼히 체크해 실용적으로 완성한 수납장이다.

kitchen
주방

주방과 다이닝 공간이 분리된 구조. 주방 입구에 가벽을 세워 거실에서 주방 살림이 보이지 않도록 하고, 문틀과 간접조명까지 설치해 공간을 확연히 나누었다. 이 모든 것은 고급 레스토랑 같은 분위기를 만들기 위해서다. 골드 컬러의 펜던트와 대리석 식탁 그리고 핑크빛 의자로 꾸며진 다이닝 공간엔 우아함이 물씬 풍긴다. 대리석 식탁은 대리석 전문 업체에서 식탁 의자는 의자 공장에서 맞춤 제작해 기성제품보다 저렴한 가격으로 들여왔다.

다이닝룸 벽 자체도장(친환경, 두폰 더클래시) **바닥** 욕실하우징 폴리싱 타일 **펜던트** 비츠조명
식탁 마블홀릭 주문제작 **의자** 피카소 주문제작
주방 주방가구 디자인 가구제작(도장) **타일** 욕실하우징 유광 타일 **조명** BAROMETER 천장트랙조명5등, 니켈 도금
바닥 욕실하우징 폴리싱 타일

bedroom
침실

침실의 분위기를 좌우하는 것은 커튼과 침구류 등의 패브릭 세팅이다. 최소한의 가구와 심플한 벽지 마감으로 이루어진 침실에 화이트 컬러의 면 침구로 기능성과 멋을 모두 살렸다. 호텔처럼 고급스럽게 연출하고 싶어서 조명과 소품에도 힘을 줬다. 침대 양 옆으로 시공한 벽부등과 골드 컬러의 시계 그리고 천장의 샹들리에가 침실을 더욱 우아하게 만든다.

벽 서울벽지-335-2 **바닥** 구정마루 스웨디쉬화이트 **침대** 에이스침대 **조명** 이케아 **벽부등** 이케아 **시계** casa

dress room
드레스룸

사용 빈도가 낮은 방 하나를 드레스룸으로 만들었다. 자리를 차지하는 일반 옷장보다는 실용적인 드레스장을 선택했다. 두꺼운 겨울옷과 얇고 짧은 여름옷, 양말, 속옷 등 종류별로 분류가 가능하고 가방 수납장과 액세서리 수납장이 따로 있어 효과적인 수납이 가능하다. 옷과 청소기 등의 각종 물품들이 놓인 곳이라 어수선해 보일 수 있어 화이트 컬러의 드레스장을 설치하고 항상 깔끔하게 관리중이다.

벽 개나리벽지 57144-9 **바닥** 구정마루 스웨디쉬화이트 **벽부등** 이케아
시스템가구 한샘 **펜던트** 한샘몰

bathroom
욕실

상대적으로 좁은 공간이다 보니 복잡한 장식 보다는 미니멀한 디자인으로 리모델링했다. 심플한 라인의 블랙 수납장과 둥근 거울을 매치해 가벼운 느낌을 주되, 헥사곤 타일을 포인트로 활용해 밋밋한 벽에 입체감을 더해주었다.

벽 타일 욕실하우징 헥사 타일 **바닥 타일** 욕실하우징 논슬립 타일
수납장 카비원 CB-50A / CB-50B **거울** 이케아 Grundtal 거울
욕실기기 대림바스

kids room
아이방

여자아이가 좋아하는 핑크와 보라색으로 꾸며진 방. 천장에 달린 펜던트 조명은 보라색에 열광하는 딸을 위해 몇 날 며칠을 뒤져 구매한 제품이다. 숨기 좋아하는 아이들의 취향을 고려해 벙커침대를 이용, 놀이공간을 알차게 꾸몄다. 사랑스러운 분위기를 위해 베란다 창문 쪽에 우아한 곡선의 문틀을 시공했다. 양옆으로 간접조명을 달아 밤에도 은은한 불빛 아래에서 공주 놀이에 푸욱 빠져들 수 있다.

벽 서울벽지 335-1 **바닥** 구정마루 스웨디쉬화이트 **펜던트** 무토조명 독일직구 **선반** 우드래빗 **벙커침대** 일룸키즈

tip

1 사랑스럽고 우아한 공간 연출을 위해
화사하면서도 우아한 분위기를 살리고 싶다면 골드와 핑크의 조합을 추천한다. 일반적으로 사용하기 부담스러운 컬러지만, 화이트톤의 배경에 골드와 핑크 컬러를 포인트로 사용하면 의외로 손쉽게 사랑스럽고 품격 있는 공간이 완성된다. 여기에 대리석까지 사용하면 분위기가 한층 업그레이드 된다.

2 비용 절감을 위해
벽면을 어떻게 마감하느냐에 따라 비용이 확연히 차이가 난다. 보통 페인팅을 할 경우 벽지 마감보다 비싸다. 이 집의 경우 비용을 줄이기 위해 거실 벽 앞뒤를 벽지와 페인팅으로 각각 시공했지만, 염려와는 달리 크게 도드라지지 않아 일석이조의 효과를 얻었다. 리모델링 비용도 만만치 않지만, 원하는 스타일로 가구와 소품을 배치하려면 그 또한 부담되기 마련이다. 이럴 땐 가구나 소품을 맞춤 제작해주는 업체를 통하면 비용을 절감할 수 있다. 다이닝룸의 식탁은 마블홀릭에서, 의자는 피카소에서 주문 제작해 절반도 안 되는 가격에 구입했다.

tip

추천 사이트 및 샵

마블홀릭 marbleholic.co.kr (대리석 가구 및 소품 판매, 주문 제작)
피카소 www.picassogagu.co.kr (인테리어 가구 전문, 의자 주문 제작)
르위켄 www.leweekend.co.kr (해외 라이프스타일 샵, 인테리어 조명)
비비나라이팅 www.vivina-lighting.com (인테리어 조명)
린넨앤밀크(코콘) linenandmilk.kr (리넨 침구 전문몰)

따스한 온기를 품은 자연을 닮은 내 집

날 것의 매력을
고스란히 담아내다

112.4㎡

톡톡 튀는 컬러는 생동감이 있고 강렬한 색채와 과감한 디자인은 눈길을 끈다. 모던하고 심플한 스타일도 질리지 않고 여전히 인기다. 하지만 오래 머물 내 집 만큼은 아늑하고 편안했으면 하는 바람으로 시작된 인테리어. 건강한 마감재와 소재로 어느 것 하나 튀는 곳 없이 균형과 조화를 생각하며 공사를 시작했다. 자연의 기운으로 가득 채운 바로 내 집이다.

story 패션디자이너 출신으로 청담동에서 셀렉트샵을 운영하고 있는 이 집의 안주인, 이성미 씨. 그 누구보다 트렌드에 민감하게 대응해온 그이지만 자신의 집만큼은 유행과는 거리가 먼, 편안하고 인위적이지 않은 집을 원했다. 보통 인테리어 디자이너가 진행을 주도하는 일반 사례와는 달리 이곳은 안주인이 마감재와 가구 등을 제시하면 디자이너가 일관된 톤을 유지하도록 돕고 가구 배치를 통해 공간 활용도를 높이는 방향으로 진행됐다. 따스한 색감의 바닥재와 투박하지만 날것의 매력을 간직한 고재, 그리고 천연대리석의 우아함까지 그만의 안목이 돋보이는 자연 소재들이다. 애정을 갖고 꾸며서일까, 가족 모두 이 집을 굉장히 좋아한다.

point 자극적인 색감이나 화려한 패턴을 배제한 채 여유를 주는 집을 만드는 것이 핵심이었다. '자연을 담은, 편안함과 아늑함을 간직한 집'을 콘셉트로 소재는 나무, 돌이 주가 되고 뉴트럴톤으로 일관된 톤을 유지하고자 했다. 타일과 벽지는 직접 샘플을 집으로 가져와 조명 아래에서 비교하고 이리저리 대어보기도 하며 고민 끝에 선택해서인지 그 어느 것 하나 튀지 않는다. 가구들 역시 새것과 옛것이 자연스레 조화를 이룬다. '자연스러운 질감'이라는 공통요소를 갖고 배치했기에 가능한 일이다. 라이프스타일에 맞춰 구조변경도 진행됐다. 다이닝 공간이 협소하고 동선이 불편한 주방은 과감히 철거, 중앙에 커다란 일자형 아일랜드를 설치해 요리와 식사, 설거지가 한자리에서 가능하도록 했다. 집에서 업무를 처리할 때가 많은 집주인을 위해 안방에 미니서재를 두고 테라스를 정자처럼 꾸미는 등 멀티 기능의 침실도 공들인 공간이다.

living room
거실

심플한 디자인의 가구와 소재로 정리되었다. 따스한 컬러의 헤링본 원목마루와 폭신한 패브릭 소파, 그리고 6인용 원목 테이블이 자연의 색감을 고스란히 담아내고 있다. 내추럴한 린넨 커튼과 밝은 톤의 소파 배치로 공간이 한층 넓어 보이는 효과를 준다.

벽 스웨덴 비 보라스 태피테(B Boras Tapeter) 제품 **바닥** 수입 원목마루(선일 우드, 에쉬오크)
원목 발코니 도어 윤현상재 고재(주문제작) **쇼파** 이케아 **체어** leather mariposa chair(루밍)
조명 메인조명-바리솔등, 주문제작, 펜던트-와츠조명 **다이닝 테이블** 세덱(원목테이블)

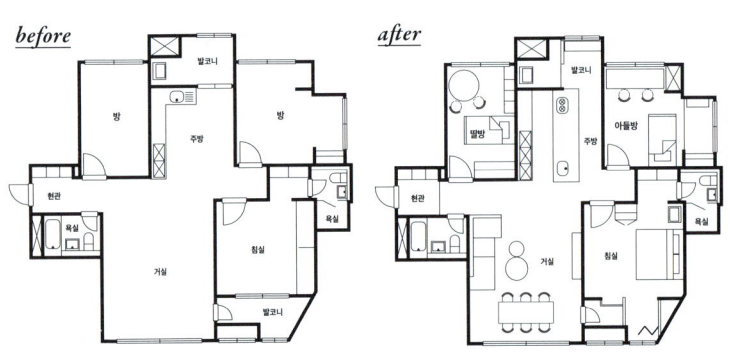

before   *after*

평형 112.4㎡(34py)

공사 기간 4주

공사 범위 전체 벽지 시공, 원목마루 바닥시공, 주방가구 제작, 붙박이장 가구 제작, 안방 폴딩 섀시, 전체 몰딩, 천정 등박스 마감 시공, 방문 리폼, 전체 도장시공, 전기 이전 설치, 욕실 공사, 설비 이전 시공, 발코니·현관 타일공사, 대리석 시공, 필름 시공

비용 약 6천만 원

시공 마르멜로 디자인
02-588-9216 www.marmelo.kr

세월의 흔적이 고스란히 드러나는 고재를 이용해 슬라이딩 도어를 제작했다. 그저 발코니를 통하는 문일 뿐인데, 마치 예술가의 작품처럼 느껴진다.

bathroom
욕실

가로로 긴 거울 수납장을 달아 한층 넓어 보이는 욕실. 바닥과 벽 전체에 정사각형의 화이트 타일을 붙이고 어두운 컬러의 줄눈을 시공해 쾌적하면서도 독특한 개성이 느껴진다. 천장에는 조명박스를 설치해 간접등과 매입등에서 은은한 불빛이 흘러나오게끔 했다.

벽 윤현상재 **바닥** 윤현상재 **세면기장** 이케아
수전 아메리칸스텐다드 **거울 수납장** 주문제작

kitchen 주방

천편일률적인 동선과 구조에서 탈피한 홈바형 주방. 공간을 새롭게 구성할 때는 배치의 기술 그리고 발상의 전환이 필요하다. ㄱ자형의 주방을 11자형으로 변경, 한쪽으로는 키큰장을 짜 넣어 냉장고를 비롯한 모든 주방 가전을 수납하고 맞은편에는 커다란 일자형 아일랜드를 놓았다. 요리와 간단한 식사, 설거지가 한 자리에서 해결되는 아일랜드는 획기적인 아이디어. 아일랜드 상판과 벽면을 천연대리석으로 마감해 자연스러움과 모던함을 동시에 담아냈다. 또 불필요하게 넓었던 주방 안쪽의 발코니를 일부 확장해 실내 수납공간을 늘렸다.

바닥 수입 원목마루(선일 우드, 에쉬오크) **주방벽** 천연 대리석(비안코 까라라, 신흥스톤)
싱크대 디자인 제작(**상판** 비안코 까라라, 신흥스톤)

bedroom
침실

휴식, 서재, 드레스룸, 세면 공간을 갖춰 멀티 기능을 하는 부부 침실. 내력벽으로 확장이 불가능한 테라스 단을 높여 휴식 공간으로 꾸미고 침대 맞은편엔 책상을 배치해 서재 공간도 확보했다. 또 기존의 파우더룸을 개조해 넉넉한 수납이 가능한 드레스룸도 만들었다. 한 공간에 다양한 요소를 넣을 경우 자칫 산만해질 수 있으므로 철저한 수납 및 정리는 필수다.

벽 스웨덴 비 보라스 태피터(B Boras Tapeter) 제품
바닥 수입 원목마루(선일 우드, 에쉬오크) **폴딩 섀시** 이지폴딩 도어
키큰장 주문제작((주)오른) **파우더룸·드레서장** 세덱 **조명** 이케아
데스크 파넬 원목테이블 **침대** 기존 가구

욕실을 반습식으로 사용하기 위해 세면대와 파우더 공간을 과감히 침대 옆으로 이전했다. 서랍장 위에 세면대를 올리고 그 아래 배관을 설치해 간단히 손을 씻고 단장을 할 수 있도록 했다.

bathroom
침실 욕실

대리석 타일과 세련된 조명으로 호텔 욕실처럼 꾸민 부부 욕실. 안주인의 로망을 그대로 실현한 공간이다. 벽 하부는 대리석 타일을 상단은 페인트로 마감해 우아하고 청결한 분위기를 연출했다.

벽 윤현상재 대리석타일 **바닥** 윤현상재 대리석타일 **수전** 아메리칸스텐다드 **조명** 와츠 벽등 **거울 수납장** 주문제작

tip

1 추천 사이트 및 샵
이케아 코리아 www.ikea.com/kr/ko (조립식 가구, 침구류, 주방용품, 욕실용품 등)
윤현상재 www.younhyun.com (원목 자재, 수입 타일, 천연 패턴의 타일)
쎄덱 www.sedec.kr (내추럴하고 합리적인 원목 가구)

2 내추럴한 공간을 원한다면
자연스럽고 따스한 분위기를 만들기 위해서는 연회색이나 연베이지 같은 뉴트럴 컬러를 베이스로 잘 적용해야 한다. 일반적으로 사용되는 화이트는 어떤 분위기에도 잘 어우러지지만 확실한 내추럴 스타일을 내고자 한다면 따스한 톤의 뉴트럴 컬러를 매칭하는 것이 효과적이다. 채도가 낮아 차분하며 단아한 분위기를 자아내기 때문이다.

boy's room
아들 방

기존 아이들의 가구를 고려해서 디자인 되었다. 아들 방은 남자아이답게 블루계열로 꾸미되, 사용하던 원목 침대에 맞춰 책상을 제작해 배치했다. 발코니에서는 책을 읽거나 취미생활을 하는 등 놀이 공간으로 활용 중이다.

벽 수입벽지 **바닥** 수입 원목마루(선일 우드, 에쉬오크) **조명** 이케아

girl's room
딸 방

아이가 좋아하는 핑크 컬러를 포인트로 꾸민 방. 좋아하는 컬러와 소품으로 포인트를 줘 자신만의 공간에 애착을 가질 수 있도록 했다. 사용하던 벙커형 침대를 이용해 아늑한 아지트 공간을 만들고 수납도 해결했다. 그림을 그리거나 놀이를 할 때도 사용할 수 있는 원형 테이블을 둬 활용도가 높다.

벽 수입벽지 **바닥** 수입 원목마루(선일 우드, 에쉬오크) **조명** 이케아

중고생 자녀와의 소통의 공간
함께여도 혼자여도
만족스러운 나의 집

108 m²

　　중고등학생인 자녀가 함께 사는 집. 아이가 자라면 자기만의 시간이 필요하기에 공간을 분리해주어야 함은 당연하다. 하지만 각자 보내는 시간이 늘어나는 만큼, 가족이 모일 수 있는 공간 또한 절실해진다. 이 집은 가족을 제대로 뭉치게 하는, 그리고 아이들이 온기 속에서 자립할 수 있도록 하는 가족의 취향을 담은 집이다.

　　story 중국에서 여러 해 머물다가 귀국하게 된 부부. 새집을 분양 받았지만, 입주를 앞두고 고민에 빠졌다. 외국 생활을 하며 자연스레 다양한 인테리어를 접해왔던 터라, 획일화된 건설사의 인테리어가 흡족할리 만무했다. 다양한 스타일의 집을 스크랩하다보니 원하는 방향을 찾을 수 있었다. 그리고 이를 시공해줄 업체를 찾은 후에는 사무실을 수시로 방문해 많은 대화를 나눴다. 이야기를 하다보면 자연스레 원하는 바가 전달될 것이고, 그것이 좋은 결과로 이어질 거란 믿음 때문이었다. 소통을 중시하는 부부의 성향은 공간에도 고스란히 반영되었다. 아이들이 크면서 엄마는 주방에 아빠는 거실 TV 앞에 아이들은 방에 틀어박혀 점점 대화가 단절되기 마련인 일반적인 집의 구조는 싫었다. 대신 가족이 자연스레 대면할 수 있는 홈카페형 공간이 제안됐다. 또 조리를 하면서도 식탁에 앉은 가족들과 어울릴 수 있도록 주방 구조도 바꾸기로 했다. 고등학생 딸과 중학생 아들의 공간도 취향을 고려해 한껏 꾸며주길 원했다.

　　point 심플하고 모던한 스타일을 좋아하는 부부의 성향에 따라 거실과 주방은 세련된 스타일로 연출됐다. 내추럴 톤이었던 섀시와 방문은 화이트 필름지로 리폼 하되 손잡이만 블랙 컬러로 교체해 비용을 절감했다. 거실은 블랙 컬러의 아트월과 슬라이딩 흑경 도어로 중심을 잡아주고, 맞은편에는 원목 테이블을 둬 카페 분위기를 냈다. 모임이 잦은 부부가 집에서 파티를 열기에도 아이들이 친구들을 데려왔을 때도 유용해 가족 모두가 흡족한 공간이다. 벤치 양옆으로는 수납장을 제작해 손님의 외투를 걸어두거나 청소기 등 덩치 큰 가전제품들을 수납하는 용도로도 활용하게끔 했다. 가장 고심했던 부분은 주방이다. 아일랜드 구조로 변경한 주방은 조리와 식사가 한 공간에서 이루어져 동선이 편리해졌다. 아이들 방 역시 오랜 고민 끝에 만들어졌다. 특히 기둥이 있어 좁고 긴 아들 방은 기성 가구를 넣기엔 어려움이 있었다. 결국 부스형으로 침대, 옷장, 책장을 한 줄로 짜 맞춰 남는 공간 없이 알차게 활용했다.

entrance
현관

이국적인 분위기로 강렬한 인상을 주는 현관. 화이트 수납장과 블랙 패턴의 타일, 무광 스틸 재질의 여닫이 도어가 모노톤의 공간을 멋스럽게 연출해준다. 아쿠아 불투명 유리로 된 중문 덕분에 외부시선 차단 효과를 얻었다. 중문 너머로 내부가 들여다보이지 않아서인지, 궁금증을 유발하는 입구가 더욱 모던하게 느껴진다.

현관타일 구스토 타일 **중문** 주문 제작
신발장 내부는 건설사, 도어만 주문제작

before / *after*

평형 108m²(33py)

공사 기간 4주

공사 범위 벽면·천장 도배공사, 바닥 마루 및 타일공사, 전기배선 및 조명설치, 걸레받이·천장몰딩공사, 가구제작 목공사, 주문가구 제작, 주방가구 제작

비용 약 4천만 원

시공 주식회사 퍼스트애비뉴 디자인
070-4203-6337 www.1st-ave.kr

가족의 라이프 스타일을 고려해 TV 대신 책과 소품을 수납할 수 있는 월플렉스를 제작했다.
우측에는 흑경이 달린 슬라이딩 도어를 달아 수납 활용도는 높이되 답답함을 줄였다.

living room 거실

거실이 모임과 친목의 장소이길 원했던 가족의 니즈가 반영된 공간. 바닥은 그레이 컬러의 포세린 타일로 마감하고 벽면엔 블랙 월플렉스를 설치해 카페처럼 세련되게 연출했다. 그러나 주거공간인 만큼 원목 테이블과 화사한 컬러의 소품을 배치해 다소 차갑게 느껴질 수 있는 분위기를 보완했다. 이곳은 가족들이 함께 음악을 듣고 책을 보는 패밀리룸이자, 지인들과 사교의 장소로도 활용되는 만족도 100퍼센트의 공간이다.

벽 벽지 지인칼라테라피 / LG베스티 **바닥** 윤현상재 포세린 타일 폴딩도어 제일위트 **조명** 애플라이팅 **월플렉스** 주문 제작 **테이블 수납장** 주문 제작

kitchen
주방

기존의 답답했던 ㄷ자 형태의 구조에서 개방감을 주는 일자형으로 구조를 변경했다. 또 아일랜드와 테이블을 결합시킨 식탁을 주문 제작한 덕분에 수납과 조리 그리고 식사까지 한자리에서 가능해졌다. 오픈형 주방인 만큼 거실과의 통일성도 염두에 두어야 했다. 원목 식탁과 화이트와 블랙 컬러로 마감된 수납장 그리고 벽과 바닥 마감재까지 거실과의 연계성을 고려해 시공했다.

벽 벽지 지인칼라테라피
바닥 윤현상재 포세린 타일
주방타일 제이비세라믹
주방 가구 주문 제작
아일랜드 겸 식탁 주문 제작
펜던트 비비나라이팅

balcony
발코니

거실 바닥과 같은 타일로 마감해 폴딩 도어를 열었을 때 카페 분위기가 한층 살아난다. 발코니 역시 카페처럼 활용하고 싶어 벽과 천장을 우드패널로 마감해 따스하고 아늑하게 디자인 했다. 햇살 좋은 날 부부가 함께 차를 마시거나 은은한 조명 아래에서 와인을 즐기며 시간을 보내는 낭만이 넘치는 공간이다.

tip

1 추천 사이트 및 샵
KARE 카레디자인 (독일 디자인 소품 및 가구 오프라인 매장&온라인 쇼핑몰)

2 신축아파트를 모던하게 바꾸고 싶다면
새 아파트의 인테리어를 변경하고 싶다면 기존에 가지고 있는 베이스와 잘 어우러지는 콘셉트와 색감을 찾는 것이 중요하다. 이번 현장의 경우 공사 전 문선이나 몰딩 등이 굴곡 없이 매끈했기 때문에 베이스 컬러만 화이트톤으로 바꿔줌으로써 모노톤의 인테리어를 완성할 수 있었다. 굴곡이 있거나 문양이 있는 경우 컬러 교체만으로는 모던한 스타일을 연출하기 어려우므로 전부 교체를 하거나 그에 맞는 스타일을 찾는 것이 중요하다.

3 비용 절감을 위해
집안의 분위기를 좌우하는데 큰 비중을 차지하는 방문과 섀시는 그 영향력만큼이나 교체 시 많은 비용이 든다. 가능하다면 교체보다는 필름 시공이나 페인팅으로 리폼해 비용을 절감하는 것이 실용적이다. 리폼 시 손잡이나 경첩만 신경 써서 바꿔주면 더 큰 변화를 기대할 수 있다.

bedroom
침실

화사하고 밝은 분위기의 침실. 다른 방들에 비해 여유가 있는 편이라 가벽을 세워 드레스룸과 침실을 분리했다. 스카이 블루 컬러의 가벽 덕분에 공간이 아늑하고 따스하게 느껴진다. 가벽 앞으로는 평상형 침대를 제작해 매트리스나 토퍼만 두고도 사용이 가능하며, 아래칸은 수납장으로 활용하고 있다. 가벽 뒤로는 슬라이딩 붙박이장과 액세서리 수납을 위한 선반 그리고 전신거울이 마련되어 있다. 옷을 입고 거울을 보며 매무새를 다듬고 외출하는 동선을 생각해서 짜 넣은 구조다.

벽 벽지 지인칼라테라피 **평상형 침대** 자체 제작
가벽 자체 제작 **붙박이장·수납장** 주문제작

boy's room
아들 방

화이트와 블루 컬러로 디자인 된 아들 방. 확장을 했음에도 폭이 좁고 길이가 긴 공간인데다가 창가에 큰 기둥 벽이 자리하고 있어 가구 배치에 어려움이 많았다. 기둥을 기점으로 창가에는 책상과 수납장을 제작해 좁지만 아늑한 공부 공간을 만들었다. 벽 쪽으로는 침대, 옷장, 책장이 연결된 부스형 가구를 제작, 공간을 남김없이 활용했다.

벽 벽지 LG베스티 **책상** 주문 제작 **침대·옷장·책장** 자체 제작

침대와 이어져 있는 옷장과 책장. 부스에 지붕을 달아 마치 작은 오두막집에 있는 듯한 기분이 든다. 창문이 있는 옷장 역시 재미있는 요소다.

girl's room
딸 방

화이트 가구에 레드로 포인트를 줘 심플하지만 감각적으로 디자인한 공간. 여자아이 방답게 군더더기 없이 깔끔하게 연출됐다. 성인이 돼서도 사용할 수 있도록 실용성 있는 수납 가구 제작과 컬러 선택에 신중을 기했다. 특히 미니멀하게 제작된 벙커형 침대는 유치하지 않으면서 소녀 감성을 더욱 풍부하게 만들어준다.

벽 벽지 지인칼라테라피 **책상** 주문제작 **침대 및 책장** 자체 제작
발코니 타일 제이비세라믹 **발코니 수납장** 자체 제작

문을 열자마자 보이는 붙박이장의 기둥벽이 답답해 칠판을 부착했더니 이색 공간이 됐다. 잊지 말아야 할 메모도 남기는 등 유용한 공간이다.

한창 외모에 신경 쓰는 여학생에게 화장대는 필수. 베란다에 화장품을 보관할 수 있는 수납장을 제작하고 커다란 거울을 달아 파우더룸을 완성했다.

공간의 재구성을 시도한 경쾌한 패턴의 집

내 가족을 위한
맞춤 아파트

102.47 m²

산뜻하고 경쾌한 민트 컬러와 패턴타일의 조화로 재탄생한 25년 된 낡은 아파트. 국내 아파트에 흔하게 적용되는 평면을 과감히 탈피한 케이스다. 남들의 시선엔 아랑곳 하지 않고 오로지 가족의 니즈에 맞춰 2개의 욕실을 하나로 만들고 동선이 불편한 주방에 새로운 스타일을 제안한다.

story 유니크한 콘셉트의 공간이 인상적인 이곳. 패션업계에 종사하는 젊은 부부와 어린 딸이 살고 있는 민트색 아파트다. 직업적 특성 탓인지 평범하고 획일적인 인테리어보다는 이색적인 공간을 원했던 부부. 그러나 무조건 튀는 것 보다는 절제된 컬러와 통일된 마감재를 선호했다. 그리고 효율적인 공간계획과 수납에 대한 필요성을 강조했다. 가구를 비롯해 소품 선정까지 전적으로 업체에게 맡겨 진행했기에 더욱 조심스러웠던 작업. 우선 부부의 젊은 성향에 맞춰 '불필요한 장식적 요소의 배제'와 '합리적인 공간 배치' 그리고 '브랜드에 따른 가격 거품이 없는 자재를 기준으로 작업이 진행됐다.

point 시공을 앞두고 부부는 두 가지 제안을 했다. 안방에 별도의 드레스룸을 배치하는 것이고 또 하나는 현관 입구에 파티션 겸 신발장을 만들어 달라는 것. 그래서 안방에는 ㄱ자 형태의 가벽을 세워 드레스룸을 만들었고, 현관에는 요청대로 넉넉한 신발장이 들어섰다. 이 외에도 전체적인 수납공간의 확장을 원했기에 주방과 거실, 팬트리 공간 모두 상부에는 오픈형 선반을 하부에는 서랍장을 설치했다. 공간 계획 역시 남다르게 진행됐다. 가족 구성원이 세 명이었기에 굳이 2개의 욕실은 필요가 없었다. 맞붙은 욕실 두 개의 벽을 허물자, 넓고 쾌적한 하나의 욕실이 탄생했다. 또한 주방 옆에 있는 방의 문짝을 떼어내고 팬트리 공간으로 변경, 냉장고와 주방의 소형 가전을 수납하고 간이 서재로도 활용할 수 있게 되었다.

남다른 공간을 원했기에 컬러 선정에도 신중을 기했다. 평범함을 벗어날 수 있는 가장 쉬운 방법은 바로 컬러를 활용하는 방법이기 때문. 레트로 스타일을 선호하는 부부의 취향을 고려해 회색빛이 감도는 민트색을 포인트 컬러로 선정했다. 톤다운 된 민트색을 주조색으로 하되 배경이 되는 벽과 바닥은 화이트 도배지와 마루로 마감해 마치 숲을 연상케 하는 집이 되었다.

entrance
현관

답답한 중문보다는 오픈 된 파티션을 선호한 부부. 파티션 겸 신발장을 설치하고 신발장 표면에 세피아 컬러의 거울을 장착해 부드러운 시각적 효과를 꾀했다. 신발장 아래 흰 자갈 덕분에 입구가 화사해 보인다.

타일 윤현상재 **하부간접조명** T-5 LED **신발장** 제작가구

before

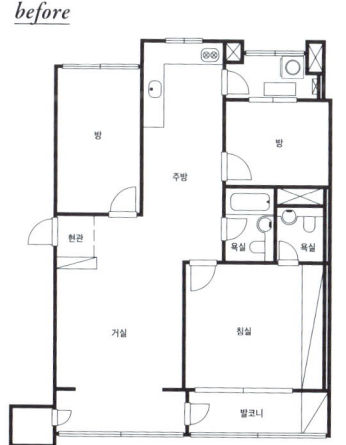

after

평형 102.47㎡ (31py)

공사 기간 4주

공사 범위 철거 공사, 목공사, 전기 공사, 설비 공사, 타일 시공, 도기 세팅, 바닥 공사, 가구 공사, 도배, 커튼 제작

비용 4천만 원 중반

시공 삼플러스디자인 02-972-3856
www.3plusdesign.co.kr

living room
거실

천장이 낮은 오래된 아파트의 단점을 보완하기 위해 천장을 노출시킨 뒤 나무소재로 마감하는 방식을 택했다. 화이트 벽면과 마루로 이뤄진 공간의 평범함을 탈피하기 위한 아이디어. 거실에서 주방까지 이어지는 천장의 사선 배치가 공간을 역동적이고 넓어보이게 한다.

마루 구정마루 **벽체** 도배마감 LG 지아프레쉬 **천장** 도배마감, 티크 무늬목 마감

kitchen
주방

직사각형 모양으로 좁고 긴 주방은 효율적인 동선을 갖기가 쉽지 않다. 거실과 분리되는 느낌을 주면서 동선을 최소화하기 위해 ㄷ자 주방과 작은 다이닝룸이 배치됐다. 하부장은 민트색으로 포인트를 주고 벽은 하얀색 타일로 깔끔하게 마감했다. 아기자기한 그릇과 소품을 진열한 벽걸이형 선반에서 부부의 감각이 드러난다. 주방과 거실의 경계로 길게 자리 잡은 6인용 식탁은 식사나 독서를 하는 등 두루두루 활용이 가능하다. 식탁 조명 역시 그린과 우드 컬러로 통일시켜 어디 하나 이질감이 없다.

식탁테이블 제작가구 **식탁의자** 스타일k **식탁조명** 아트인루체 **액자** 자체제작
벽체타일 윤현상재 **싱크가구** 자체 제작 **선반** 오크 집성원목 선반
침니후드 하츠

pantry
팬트리

좁고 긴 주방을 보다 효율적으로 사용하기 위해 계획된 공간이다. 주방 옆방의 문을 떼어내고 냉장고와 주방 소형 가전, 식료품 등을 보관할 수 있도록 수납장을 제작했다. 덩치가 큰 주방가전들이 이곳으로 모이니 비좁았던 주방이 한결 여유로워졌다. 맞은편에는 남편의 간이 서재를 마련해 여러모로 쓸모 있는 공간이 탄생했다.

키큰장 자체 제작 **선반** 금속선반 자체 제작 **책상** 두닷

bedroom
침실

원목과 화이트, 그레이 컬러로 심플하게 꾸몄다. 안방에 드레스룸을 마련해달라는 요청에 따라 가벽을 세워 공간을 분할했다. 가벽을 천장 높이의 2/3로 설치해 답답함을 줄이는 대신 커튼을 달아 손님이 오거나 정리가 안 되었을 때 가릴 수 있도록 했다. 드레스룸 내부에 조명이 별도로 달려 있어 메인 조명을 켜지 않고도 옷을 갈아입을 수 있어 편리하다. **마루 구정마루 가벽 목공사**

bathroom
욕실

거실과 안방의 욕실을 하나로 합쳐 넓고 쾌적하게 재구성된 욕실. 두 욕실의 맞닿은 벽체가 벽돌블록이었기 때문에 가능했던 일이다. 벽타일과 대리석, 도기 모두 화이트 컬러로 통일. 심플하게 꾸미고 욕조 부분에만 패턴 타일을 깔고 민트색 프레임을 시공해 시각적 효과를 더했다. 프레임 바깥으로는 건식 욕실로도 사용이 가능해 파우더 겸용 공간이 되었다.
벽체, 바닥타일 윤현상재 **샤워실 바닥타일** 키앤호 **거울 및 샤워부스 파티션** 금속소재 자체제작 **벽부조명** 아트인루체

욕실 모퉁이에 마련된 넉넉한 수납 선반 덕분에 욕실용품 수납은 걱정 없다.

tip

1 추천 사이트 및 샵
스칸디나비아디자인센터 www.scandinaviandesigncenter.com (북유럽 리빙 제품 직구사이트)
어반아웃피터스 www.urbanoutfitters.com (미국 셀렉트샵 해외 사이트)
웨스트엘름 www.westelm.com (홈 인테리어 해외 사이트)
이노메싸 www.innometsa.com (가구&리빙 편집샵)
디자인 팩토리 defo.co.kr (가구, 조명, 소품 브랜드샵)

2 포인트 컬러를 사용하고 싶다면
포인트 컬러를 적용하고 싶다면 한두 가지 컬러를 정해 공간에 입체감을 부여하는 것이 좋다. 단 컬러는 자유롭게 고르되 채도에 따라 분위기가 확연히 달라지므로 세심하게 선택한다. 너무 튀지 않고 안정감 있는 공간을 원한다면 채도가 낮은 컬러를 선택한다. 컬러칩이나 샘플 컬러는 되도록 자연광 아래에서 확인한다.

3 비용 절감을 위해
한정된 예산으로 모든 공간을 바꾸려 하기 보다는 힘을 실어줄 수 있는 곳만 진행해야 만족도가 높다. 제작가구보다는 기성가구가 저렴하므로 콘셉트에 맞는 기성가구를 찾는 것이 효과적이다.

프라이빗한 2세대 공간 제안

하나의 공간, 두 개의 이야기를 담다

125.6㎡

시부모와 아들 내외가 함께 살고 있는 곳. 125.6㎡(38py)이라는 공간에 취향과 활동시간이 다른 2세대가 공존한다는 것은 그리 쉬운 일이 아니다. 서로의 라이프스타일을 존중하면서 편리한 생활을 위해 따로 또 같이 프로젝트가 진행됐다. 문 하나를 경계로 전혀 다른 스타일의 두 곳이 존재하는 집. 단독주택 이야기가 아니다. 아파트에서도 가능한 일이다.

story 결혼 후 시부모와 함께 살다가 독립을 계획했던 부부. 하지만 마땅한 집을 찾기가 수월치 않았고 무엇보다 그동안 부모님과의 동거가 어렵지 않았기에 재결합을 택했다. 생활방식이 다른 2세대가 살다보면 아무래도 크고 작은 불편한 점이 있었을 게다. 취침과 기상 시간이 빠른 부모님과 직업상 늦게 자고 늦게 일어나는 일이 잦은 젊은 부부의 너무나 상이한 라이프스타일. 특히 이른 새벽 혹은 늦은 밤에 발생하는 생활 소음으로 같은 공간에서 생활하기엔 다소 무리가 있었다. 그럼에도 함께 하는 것을 선택한 이들에겐 새로운 제안이 필요했다. 서로의 라이프스타일과 취향을 존중해 생활공간을 분리, 한층 프라이빗한 공간이 계획됐다.

point 기존의 거실과 주방, 욕실과 안방은 시부모의 취향을 살려 화사하고 밝게 그리고 편리하게 재탄생됐다. 그리고 주방 입구에 설치된 은경이 바로 이 집의 비밀의 문. 반짝이는 도어를 열면 짧은 복도로 이어진 또 하나의 집이 모습을 드러낸다. 부부의 침실을 비롯해 서재와 간이주방, 세탁실, 욕실이 별도로 마련되어 있는 곳. 산뜻한 분위기의 바깥과는 달리 감각적인 짙은 컬러와 디자인으로 꾸며진 안의 공간은 확연한 공간의 분리를 보여준다.

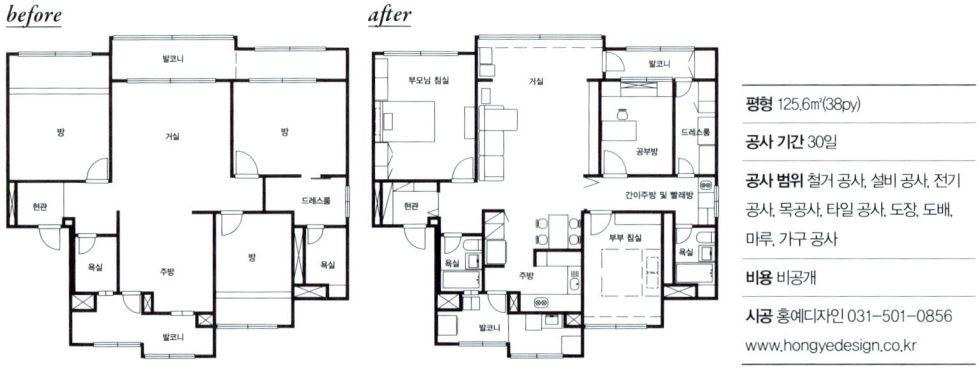

평형 125.6㎡(38py)

공사 기간 30일

공사 범위 철거 공사, 설비 공사, 전기 공사, 목공사, 타일 공사, 도장, 도배, 마루, 가구 공사

비용 비공개

시공 홍예디자인 031-501-0856
www.hongyedesign.co.kr

entrance
현관

ㄱ자 형태로 넓게 디자인 되어 2세대가 사용해도 부족하지 않을 넉넉한 신발장을 제작했다. 또 자주 입는 외투나 머플러, 모자 등을 걸어둘 수 있도록 신발장에 지지레일을 달았다. 손님들의 외투나 짐을 둘 수도 있어 꽤나 유용한 공간이다. 바닥은 베이지계열의 패턴타일로 과하지 않은 포인트를 주고, 연두색 벽지와 자작나무벤치로 자연적인 느낌을 배가시켰다.

벽 컬러스 5526-4 노튼그린 **바닥** 팀세라믹 EMPOLI-BEIQE (솔리드) / 팀세라믹 IMPERIA-BEIQE INSERT (패턴)
조명 아트인루체 VINCENT_C_L+에디슨전구

living room 거실

밝은 원목과 화이트 벽지를 사용해 따스하고 포근한 분위기를 살렸다. 가족들이 모이는 장소이기도 하고 반려묘도 머물기 좋은 공간을 만들기 위해 과한 장식과 꾸밈보다는 기본에 충실히 심플하게 꾸몄다. 소파 위의 선반은 반려묘의 놀이 공간. 화이트 선반으로 튀지 않게 제작하되 블루로 포인트를 주었다.

벽 DID벽지 65314-1 페인팅화이트 **바닥** 구정마루, 스웨디쉬화이트 **TV선반** 자작나무합판 제작 **고양이선반** 이케아

kitchen
주방

거실에서 주방을 봤을 때 개수대나 조리대가 바로 보이지 않도록 파티션 역할을 하는 낮은 단을 세워 정돈된 느낌을 주었다. 바닥부터 벽까지 그레이컬러의 타일로 마감해 모던함과 심플함을 가미, 화이트의 주방가구 역시 청결한 분위기를 돋보이게 한다. 상부장을 떼어내 답답함을 없애는 대신 아래에 넉넉한 수납공간을 만들어 그릇 사용에 편리하다. 식탁 옆 은경 도어는 2세대의 생활 공간을 분리하는 용도로 사용되었지만 시각적으로 넓어 보이는 효과와 더불어 전신거울로도 활용돼 가족 모두 만족하는 요소.

벽·바닥(타일) 팀세라믹 MAXXI THREE
식탁 벤스코리아 에센대리석 4인 원목식탁
의자 시스디자인 위핑 079 POP 체어 (그레이, 코랄블루)
벽선반 이케아 BOTKYRKA (화이트) **조명** 공간조명 쉘브 7등 LED펜던트
싱크대 디자인 제작

bedroom
부모님 침실

베란다를 확장해 공간을 넓게 만들고 침대와 연결된 모듈 가구를 제작, 많은 양의 옷 수납을 해결했다. 밝은 컬러의 강마루와 화이트 가구로 꾸미되 블루 벽지로 포인트를 주어 안정감과 산뜻함을 동시에 살렸다.

벽 DID벽지 65326-3 러그블루 / DID벽지 65327-2 타피스트리블루
바닥 구정마루, 스웨디쉬화이트 **키큰장** 제작가구 **침대** 기존 고객 소유 가구

bathroom
욕실

어머니의 취향을 한껏 살린 공간. 네이비 육각 패턴의 모자이크 타일이 욕실의 포인트다. 화이트 줄눈 시공으로 네이비 컬러를 더욱 또렷하게 만드는 효과를 주었다. 욕조 상부에 유리 파티션을 설치해 물이 튀는 것을 막았다.

벽 팀세라믹 PAW08104(네이비 모자이크타일) / 팀세라믹 X75500(화이트)
바닥 팀세라믹 QUART ZITE GRAY

bedroom
부부 침실

침대의 헤드 벽면을 마르살라 컬러 벽지로 마감해 심플하지만 감각적인 분위기가 연출됐다. 취미인 음악 감상을 위해 한쪽 벽면에 선반을 제작, 오디오 기기는 물론 간단한 소품을 놓아 둘 수 있어 좁은 공간 활용에 효과적이다. 침대 양 옆으로는 벽부등을 설치해 독서등으로 활용하거나 아늑한 분위기 연출에도 좋다.

벽 에스대우벽지 MUJI 35022-01 화이트 / 에스대우벽지 MUJI 35022-08 딥퍼플 **바닥** 구정마루, 스웨디쉬화이트 **침대** 벤스코리아 B137/Ethan
협탁 벤스코리아 ns137/Ethan **조명** 아트인루체 ferro_a_s

bathroom
부부 욕실

클라이언트의 블랙으로 꾸며진 욕실에 대한 로망이 실현된 공간. 벽과 바닥을 블랙 타일로 마감하고 우드 하부장과 포인트 거울을 배치. 무채색 일색이지만 그리 차갑지만은 않은 중후한 분위기를 살렸다.

벽 팀세라믹 J86 블랙무광 **바닥** 팀세라믹 NATIVE NA004
세면대 하부장 디자인 제작

study room · dress room
서재·드레스룸

이 집의 가장 큰 방이었던 기존의 안방에 가벽을 설치해 서재와 드레스룸으로 구조를 변경했다. 서재는 차후에 아이가 태어났을 때 키즈룸으로 사용할 수 있도록 수납벤치와 수납장을 제작하고 최소한의 가구를 배치하는 등 철저한 계획으로 짜여졌다. 벽면을 화사한 톤으로 마감한 것도 이 때문.

서재 벽 DID벽지 65305-5 푸딩블루 / DID벽지 65330-1 빌리지스케치
바닥 구정마루, 스웨디쉬화이트 **조명** 아트인루체 SHEMA_S-DARK(진그린)
가구 디자인 제작
드레스룸 벽 컬러스 5519-2 펀치핑크 **바닥** 구정마루, 스웨디쉬화이트

드레스룸에는 출입문을 따로 달아 별도의 공간으로 구획했다. 기존에 사용하고 있던 옷장을 배치하고 기존 가구와 어우러지도록 살구빛이 도는 벽지로 포인트를 주었다. 좁은 공간이지만 드레스룸으로 사용하기엔 안성맞춤이다.

고양이가 집안에서도 자유롭게 다닐 수 있도록 배려한 아이디어. 도어 하단을 일부 타공해 초록지붕의 고양이문을 만들어주었다.

tip

1 추천 사이트 및 샵
루밍 www.rooming.co.kr (리빙 디자인 샵)
T.D.C (THE DESIGN CHASER) www.thedesignchaser.com (심플한 인테리어 참고 사이트)

2 공간을 분리하고 싶다면
독립성을 요구하는 공간분리일 경우 폴딩도어나 슬라이딩도어처럼 디자인도어를 추천한다. 금속, 유리, 거울 등의 소재로 도어 자체를 하나의 오브제로 표현한다면 매력 있는 공간이 될 것이다.

3 비용 절감을 위해
요즘은 페인트 느낌의 무지벽지가 다양한 컬러로 출시되고 있어 비용이 많이 드는 페인트 대신 벽지를 추천한다. 시공만 잘 한다면 페인트 못지않은 결과물이 나오기 때문. 마감재 교체가 어려운 상황이라면 소형 가구나 패브릭, 소품, 조명을 활용할 것을 추천한다. 쿠션, 베딩, 커튼만 바꿔도 전체 분위기는 확 달라진다.

kitchen
간이주방

간단한 조리와 세탁이 가능하도록 미니 주방을 계획했다. 화이트 모자이크 타일 사이로 오렌지 컬러의 타일을 넣어 유니크한 느낌을 가미했다. 하부장은 화이트 컬러로 제작해 좁은 주방이지만 쾌적하고 넓어 보인다.

벽 팀세라믹 SA5461(화이트) / 팀세라믹 SA5550(주황)
바닥 구정마루, 스웨디쉬화이트 **싱크대** 디자인 제작

따로 또 같이, 부부의 취향을 담은 집
빈티지&인더스트리얼 감성을 담아내다

112.4 ㎡

지은 지 2년 된 신축아파트, 깔끔한 상태였지만 젊은 부부가 살기엔 아쉬운 점이 많았다. 원하는 바가 또렷한 부부가 자신들이 꿈꾸는 모든 것을 한 공간에 풀어놓은 곳. 바닥, 타일, 가구부터 아주 작은 소품까지 그들이 좋아하는 빈티지와 인더스트리얼 감성을 담았다.

story 스튜어디스와 사업가 부부의 신혼집. 신혼살림을 함께 할 첫 공간으로 신축 아파트를 택했지만 비용을 좀 더 들이더라도 자신들의 취향을 완벽하게 반영할 공간을 원했다. 특히 인테리어에 관심이 많다는 남편은 수시로 인테리어 디자인 사무실을 드나들며 자신이 원하는 방향이 어떤 것인지 적극적으로 어필하곤 했다. 마치 결혼 선물을 고르듯 마감재를 선택하며 즐거워했던 부부. 사람과 커피를 좋아하는 아내의 취향을 반영해 주방은 카페처럼, 낚시와 독서, 사진에 열광하는 남편을 위해서는 그만의 작업실 및 취미공간이 요구됐다. 반면 함께 머무는 공간만은 따스하고 안락하게 느껴지길 원했다. 확연히 다른 서로의 취향을 존중하되 어우러짐도 고려해야 했던 부부의 따로 또 같이 공간 계획은 이렇게 시작됐다.

point 입주한지 얼마 되지 않아 말끔한 상태였기 때문에 살릴 부분은 살리되, 취향에 따라 과감히 바꿀 부분부터 체크해나갔다. 강조해야 할 부분과 유지할 수 있는 부분을 나눠 견적을 조절했다. 워낙 개성이 강한 부부여서 공간마다 다양한 마감재 사용을 원했고, 이들을 조화롭게 사용하는 것이 작업 포인트. 블랙과 화이트, 그레이를 기본 컬러로 두고 우드와 철, 빈티지 타일 등 마감이나 질감, 텍스쳐가 자연스러운 것들을 선택해 이질감을 줄였다. 가구와 소품 역시 톤을 맞춰 자연스럽게 매칭될 수 있도록 신경 썼다. 이로 인해 공간이 꽉 차보이면서도 각기 다른 마감재들이 어우러져 안정감이 느껴진다. 빈티지한 헤링본 마루가 시공된 거실은 부부가 특히 만족하는 공간이다. 원목의 경우 내구성이 약해 찍힘이나 긁힘이 많은데, 이 마루는 워싱 처리가 자연스러워 생활 흠집 정도는 눈에 띄지 않아 더욱 좋다고.

entrance
현관

감각적인 카페에 들어선 듯한 입구. 패턴 타일로 바닥에 포인트를 주고 내부를 가리는 모루유리가 들어 있는 철제 도어를 설치했다. 넓은 쪽은 슬라이딩 도어로 좁은 쪽은 여닫이로 되어 있어 전체 오픈이 가능하다.

타일 아발론 150(구스토타일)
신발장 백색무광 PET소재 제작가구
중문 철제도어(블랙 삼화페인트 도장, 모루5T 유리) 제작가구

평형 112.4㎡(34py)

공사 기간 28일

공사 범위 철거(안방욕실 제외), 거실몰딩, 벽 및 천장 도배공사, 거실 아트월 타일공사, 바닥 마루공사, 주방벽 구로철판 공사, 타일공사, 주방 제작가구, 섀시리폼, 안방침대헤드 제작가구, 현관중문 제작가구, 현관타일 교체, 서재 및 드레스룸 벽지 및 바닥공사, 레어로우 시스템가구 공사, 거실욕실 타일 및 도기교체, 전기배선 및 조명 설치 공사, 걸레받이 공사, 도어 도장 리폼

비용 4천만 원 중반

시공 카민디자인 02-545-2208
carmine-design.com

living room
거실

다양한 마감재 사용을 위해서는 바탕이 되는 공간의 심플함이 필수다. 우선 기본 벽면은 화이트로 하고, 천장의 메인 조명을 없애는 대신 2부 매입등을 여러 개 설치해 매끈한 공간을 완성했다. 포인트로 거친 텍스쳐가 돋보이는 빈티지 타일을 시공. 그린빛의 색감이 돌아 차가움 보다는 따스함이 느껴진다. 원목과 브라운 계열의 가구와 소품 배치는 공간에 아늑함을 더해준다.

마루 구정마루 프라하 헤링본 비잔틴브라운 **섀시** 필름 리폼 **쇼파, 거실장** 까사미아 **소품** 이케아
아트월 수입타일 윤현상재 GARAGE TOFFEE **벽지** 실크 대우무지벽지

cozy corner
코지코너

거실과 방 사이의 코지 코너까지 헤링본 마루를 시공해, 마치 복도가 길게 이어지는 듯한 시각적 효과를 주었다. 공간이 더욱 넓어 보이는 아이디어 공간이다.

kitchen
주방

철제와 우드의 조화로 빈티지와 인더스트리얼 감성을 제대로 담아낸 주방. 은은한 조명에 감각적인 의자 그리고 주방용 소파까지 마련된 이곳은 휴식의 의미까지 더한 공간이 됐다. 우측의 전면 구로 철판은 자석 부착이 가능해 독특하면서도 활용도가 높은 공간이다.

섀시 필름리폼 **싱크대 상부** 무늬목 선반 제작가구
싱크대 하부 LPL 진그레이 제작가구
상판 LG-G102 그레이 크리스탈
아일랜드 식탁 무늬목 제작가구
식탁펜던트 을지로 대광조명 DK룩스
레일조명 을지로 대광조명
싱크수전 한샘 DD310C
주방벽 패턴타일(NOBUM BLACK 보노타일) 화이트타일(MASIA BLANCO MATT 보노타일)

study room
서재

남편의 취미생활을 위해 마련된 공간. 안락의자와 수납이 넉넉한 책장, 긴 낚싯대를 보관할 수 있는 장소 등 여가 시간을 즐길 수 있는 모든 요소들을 갖췄다. 상하 좌우 위치 이동이 자유로운 모듈형 철제 책상과 선반은 공간의 활용성을 높여준다.

시스템가구 레어로우 **벽지** LG테라피 7024-4 스톤그레이

tip

1 추천 사이트 및 샵
이태원 가구거리 (빈티지 앤티크 가구 & 독특한 조명)
까사알렉시스 casa-alexis.com (인더스트리얼, 빈티지 가구와 소품)

2 다양한 마감재에 따른 컬러 선택
다양한 색을 사용한다 하더라도 같은 톤은 유지해야 한다. 마감재의 톤이 달라져버리면 어수선하고 조화롭지 못한 공간이 된다. 이 집의 경우 채도가 낮은 톤을 유지하였고, 웜과 쿨 톤을 적절하게 섞을 수 있는 색으로 그린을 선택해 디자인했다.

3 비용 절감을 위해
리폼을 할 수 있는 부분은 최대한 리폼으로 진행한다. 기존 붙박이 가구를 필름으로 할 수도 있고, 문이 낡았을 경우 문만 교체하거나 필름 및 페인팅 하는 방법으로도 충분히 효과적인 인테리어를 할 수 있다.

bedroom
침실

나무향이 가득해 한층 아늑해 보이는 침실. 침대 헤드 쪽 선반을 제작해 무늬목으로 마감하고 펜던트 조명을 달아 공간에 중심을 잡아줬다. 헤드 양옆으로 조명 스위치를 설치해 한결 편리한 사용이 가능하다.

침대 헤드 무늬목 제작가구 **펜던트** LAGOMHOME 제품
벽지 실크대우무늬지 35025-01(화이트)

dress room
드레스룸

각자 취향이 다른 두 사람의 물건이 한 공간에 뒤섞이지 않도록 수납에 신경을 썼다. 우선 문 옆으로 붙박이장을 제작해 부피가 크거나 철 지난 옷들을 깔끔하게 수납할 수 있도록 했다. 또 일반적인 시스템 행거가 아닌 디자인 철제가구 제품을 사용해 수납은 물론 갤러리 효과까지 얻었다. 빈티지한 컬러감이 감각적인 공간이다.

수납장 공방 맞춤디자인 **시스템가구** 레어로우 **벽지** 실크대우무지 35025-01(화이트)

bathroom
욕실

블랙과 화이트 컬러를 사용해 현관과의 통일성을 살린 욕실. 다채로운 모양의 타일이 눈에 띄지만 매트한 소재의 사용으로 전체적으로 부드러운 느낌이 들도록 했다. 여기에 유광도기와 블랙 수전 등 액세서리를 이용해 공간에 포인트를 주었다.

거울 HEY **세면대** 대림바스 CL-252 **세면수전** 발로단101 **양변기** 기존유지 **벽타일** PATCH WORK B&W_P(보노타일) CAPRICE WHITE_B(티앤피인터네셔널) **바닥타일** 헥사곤 시멘트 블랙, 그레이(티앤피인터네셔널제품)

info

- 알아두면 쉬워지는 리모델링 A to Z
- 리모델링 Q & A 인테리어 전문가에게 듣는다
- 손쉽게 따라해 보는 스타일별 자재매치
- 이케아 주방가구 자가 설치를 위한 '꿀팁'
- 짬 내서 하는 집수리 DIY
- 생활을 바꾸는 아이디어 용품

1 *information*
알아두면 쉬워지는 리모델링 A to Z

막상 리모델링을 결정했다 하더라도, 어떻게 시작해야 할지 막막한 것이 현실이다. 게다가 막대한 비용이 들어가는 만큼 하자 걱정 없이 꼼꼼히 내 집처럼 작업해줄 업체를 선별하는 것 또한 어렵기만 한 일. 아는 만큼 얻어낼 수 있다. 리모델링을 계획하는 과정 중 알아두면 유용할 것들을 알아본다.

step1 왜 고쳐야 할까, 불만 리스트를 작성하라
무엇 때문에 리모델링을 하는지를 정확히 파악하는 것이 가장 중요하다. 그래야 리모델링을 하더라도 공사의 규모와 예산을 정할 수 있다. 단순히 스타일이 지겨워졌거나 마음에 들지 않는다면, 패브릭이나 마감재 교체, 가구나 소품 구입 등을 통해 간단히 분위기를 전환할 수 있다. 수납 공간이 부족해서 리모델링을 하고자 한다면, 일단 짐을 최대한 정리한 후에 수납 시스템을 어떻게 어디에 설치하는 것이 실용적일지를 생각해본다. 노후된 설비가 문제라면 다른 무엇보다도 냉난방 시스템, 수도 배관, 창호 시스템 등 기본 설비 보수 보강이 우선 시 되어야 한다. 리모델링의 목적이 명확해지면 공사의 우선순위도 쉽게 정해지기 마련이다. 그리고 그 우선순위에 따라 공사방식과 비용, 기간 등이 정해진다.

step2 꼭 바꿔야 할 부분, 우선순위를 정하라
꼭 바꿔야 하는 부분이 셀프 인테리어가 가능한 곳인지, 전문가의 도움이 필요한 곳인지를 체크해본다. 가구나 소품들은 비교적 쉽게 교체가 가능하지만 집의 구조를 변경하는 공사인 경우 많은 시간과 비용이 소요되므로 어느 곳에 어느 정도의 예산이 소요되는지 알아둔다.

step3 어떻게 진행하지? 공사방식 정하기
벽지, 마루, 조명, 몰딩 교체 등의 마감재 공사를 원하는 정도라면 셀프 시공에 도전해보거나 집 근처의 인테리어 업체를 찾아가도 된다. 샤시와 화장실이 공사에 포함되어 있으면 인테리어 업체를 선택하되, 전문 지식이 있거나 협력사 확보가 가능하다면 직영공사로 진행하는 것도 방법이다. 하지만 대대적으로 교체하는 리뉴얼 수준의 공사에 설비(난방, 배관)공사가 포함되어 있다면 믿을만한 인테리어 전문 디자인 업체를 알아보는 것이 좋다. 특히 맞벌이 부부에 관리 감독할 여력조차 없다면 믿고 맡길 수 있는 인테리어 전문 디자인 업체를 선택하는 것이 속 편하다. 만약 디자인을 전공했거나 미적 감각이 뛰어난 편으로 공간 디자인과 가구 및 소품 선별이 가능하다면 공사만 진행하는 인테리어 업체를 선별해 자신의 아이디어를 공유하며 함께 작업을 진행하는 방식도 있다.

step4   **우리집에 어울리는 스타일을 생각하라**

자신과 가족이 원하는 스타일의 인테리어 사진이나 재료 샘플 등을 수집한다. 스타일별로 나누어 정리하다 보면 자신의 취향도 잘 파악할 수 있다. 가족의 라이프 스타일에 따라 다양한 수납 아이디어나 공간 활용 방법 등에 대한 이미지도 함께 모아두면 도움이 된다. 이 자료를 보면서 셀프 공사를 하거나 디자이너와 상의하면 된다. 구체적인 사진을 보고 하는 것은 그렇지 않은 경우와 천지차이다.

step5   **예산은 얼마나 할 것인가**

예산 설정 시 인터넷에 떠도는 금액을 참고하면 안 된다. 주로 평당 얼마라고 알려져 있지만, 마감재의 수준이나 시공자에 따라 천차만별이라 평당 단가는 의미가 없기 때문. 정해둔 우선순위에 따라 직접 시장조사를 하는 것이 바람직하다. 예상 비용이 대략 정해지면 저렴한 것으로 대체가 가능한 곳, 셀프로 가능한 곳, 천천히 변경해도 되는 곳 등을 체크한다. 리모델링은 범위와 마감재 등에 따라 비용이 다르기 때문에 반드시 예산을 세운 다음 공사 범위를 정해야 한다. 또 생각지 못한 것에서 비용이 추가 되는 경우가 발생하므로 만일을 대비해 총 비용의 10% 정도는 예비비로 마련해 두는 것이 안전하다.

오래된 아파트라면, 예산 책정 시 꼭 확인할 것
창호_ 노후가 심한 아파트라면 창호 전체를 교체하는 것이 좋다. 창호를 교체해도 단열을 보장할 수 없다면 외부 창호는 그대로 두고 덧창을 만드는 것도 방법.
배관_ 10년 이상 된 아파트라면 누수 탐지 업체를 불러 누수 여부를 확인한다. 누수의 원인을 찾았다면 그 부분만 설비를 교체하면 되지만, 그렇지 않을 경우 배관 전체를 바꾸는 것이 안전하다. 전체 배관 공사 시에는 철거, 설비, 바닥, 도배 비용까지 들며 공사 기간도 늘어나게 된다.

step6   **신뢰할 수 있는 업체를 선별하라**

우선은 아파트 근처에 해당 아파트 시공 경험이 많은 곳에서 상담을 진행해본다. 같은 아파트이기 때문에 공사할 때 신경써야 할 부분이나 집에 대해 잘 몰랐던 정보까지 얻을 수 있어 꼭 해야 할 부분과 포기해야 할 부분이 어느 정도 갈리게 된다.

원하는 콘셉트의 집을 시공한 경험이 있는 업체들을 선별, 3~5곳과 미팅을 한 후 합리적인 견적과 의견 조율이 잘되는 믿을만한 업체를 선택한다. 지나치게 저렴한 공사비용을 제시하는 업체는 일단 의심할 여지가 있다. 싼 게 비지떡이라는 말은 인테리어 공사에 고스란히 적용되기 때문. 가격보다는 경력이 오래되고 평판이 좋은 사업자를 선택하는 것이 안전하다. 특히 1,500만 원 이상이 드는 공사인 경우에는 해당 분야 건설업에 등록 되어 있는지 확인한다. 첫 상담 시 예산, 공사 범위, 시공 기간, 평면도 등을 준비해가면 좀 더 명쾌한 이야기를 들을 수 있다. 같은 규모의 아파트라도 설비의 노후 상태나 고장 정도가 다를 수 있기 때문에 시공 인건비와 자재 값에 변동이 생길 수 있다. 또 원하는 디자인에 따라 공사 금액은 달라지므로 다른 집과 비교하는 것은 의미가 없다.

공정 단계를 이해하면 예산이 줄어든다

공정표를 볼 줄 알면 예산과 시간을 효율적으로 관리할 수 있다. 일반적으로 철거→설비→목공사→전기→타일→부엌 싱크대→마루→도배→청소의 순서로 진행된다. 각 공정 단계에서 해야 할 것을 빠뜨려 다음에 보충해야 할 경우 그만큼 비용과 공사 기간이 늘어난다. 사실 비용의 큰 부분은 인건비로 정산된다. 어떤 방법으로 시공하는지, 기술자 몇 명이 며칠 동안 일을 하느냐가 관건. 공정표를 보면서 셀프로 할 수 있는 것은 없는지, 또 기술자가 왔을 때 동시에 처리할 수 있는 것은 없는지 등을 꼼꼼히 체크해본다.

한눈에 들어오는 공사 스케줄

step1 **철거**
마루부터 걸레받이 하나까지 교체해야 할 모든 것들을 완전히 철거하는 과정. 철거 인부들은 목록에 표기된 것 외에는 건드리지 않으므로 빠지는 것 없이 꼼꼼히 기록한다. 철거 팀이 처리해야 할 것을 알려주지 않아 다음 시공 팀이 처리하면 그만큼 시간과 비용이 더 든다.

step2 **설비**
수도, 가스, 냉난방, 환기구, 배관 등 기본 설비를 개보수 및 이전하는 작업이 이루어진다. 이 때 가스 관련 공사는 반드시 도시가스공사에 의뢰해야 한다.

step3 **목공사**
집 안의 뼈대를 세우는 기초 공사. 벽면 마감재는 무엇을 쓸 것인지, 천장의 조명은 어떤 것을 설치할지, 그림을 걸 레일을 달지 말지 등 세세한 부분까지 기본 구조와 관련된 모든 사항을 목공사 전에 결정해두어야 한다. 몰딩, 가벽, 천장 마감, 벽체 단열 공사, 문짝 보수, 벽면 처리 등이 포함된다.

step4 **전기공사**
조명 및 콘센트, 스위치의 위치 변경 및 전기 승압 공사가 주를 이룬다. 차후 조명 계획에 따라 위치 선정을 잘 해야 설치 시 어려움이 없다. 전선의 매립 등이 있을 수 있으므로 목공사와 함께 진행해야 효율적이다.

step5 **타일시공 및 도장**
욕실이나 주방 등의 타일을 시공하고 문과 붙박이 가구 등의 설치와 목공사 한 것에 페인트와 래핑 마감을 진행한다. 주로 물을 사용하는 곳에 시공되는 타일 작업 전에 방수작업은 필수다. 도장 등의 마감 공정은 처음 공정 시에 철저한 감독 하에 진행돼야 차후 불만을 줄일 수 있다.

step6   **싱크대**

주방 가구를 설치하는 작업으로 싱크대는 배수가 잘되는지 가스가 들어오는지 전기가 제대로 연결되었는지 실질적으로 사용했을 때 불편함은 없는지 꼼꼼한 확인이 필요하다. 주방 가구와 개수대, 가스레인지, 후드 등의 자리 이전을 고려해 진행한다.

step7   **바닥 마루 공사**

마감재 특성에 따라 기초 바닥 공사 여부가 달라진다. 마루는 마루 시공팀이 타일은 타일 시공팀이 담당한다. 마감 처리와 바닥 수평 맞춤이 제대로 되었는지 반드시 체크한다.

step8   **도배**

초배 작업부터 완성까지 2~3일 정도가 걸리는 작업. 특히 실크 벽지의 경우 당일 시공은 불가능하다. 또 수입벽지처럼 난이도 있는 작업은 전문가 섭외가 중요하다. 공간의 통일감을 위해 맞춤 가구의 표면 마감 역시 이때 진행된다.

step9   **전기마감**

조명기기, 콘센트, 스위치 설치에 해당하는 마감 공사. 주물 소재의 조명이나 무거운 샹들리에의 경우 천장 보강 공사가 필요하므로 별도의 작업이 요구된다.

step10   **입주 청소**

전체 공사 일정이 마무리되면 먼지와 쓰레기를 정리한다. 일반 청소는 먼지 제거와 살균 작업이, 특수 청소는 새집증후군 예방을 위한 항균 코팅 작업이 이뤄진다.

참여하는 만큼 만족도는 커진다

리모델링에 대한 만족도는 얼마나 관심을 가졌는지에 따라 달라지기 마련이다. 디자인 협의 미팅과정 중에 이해가 되지 않는 부분은 반드시 확인한다. 또 라이프스타일과 취향 등을 정확히 전달해야 추후 디자인에 대한 만족도를 높일 수 있다. 마감재의 종류와 컬러는 물론이고 손잡이 훅, 거울의 위치, 동선 확인까지 직접 결정해야 나중에 후회가 없다.

시공하는 도중에도 자주 둘러보며 자신이 원하는 방향으로 되어가고 있는지 확인하는 것은 필수다. 특히 수납장이나 선반 등의 위치와 높이가 자신의 키와 동선에 맞는지 꼼꼼히 체크하고 변경할 것이 있으면 바로바로 수정한다. 추가 시공을 원할 때는 담당자에게 전달한 후 추가 비용이 어느 정도 드는지를 꼭 기재해야 추후 분란을 막을 수 있다.

취재협조 바나나인바나나, 카민디자인

인테리어 계약서 작성 시 체크리스트 ✓

□ **사업자 등록증을 확인한다**
업체의 사업자등록증 사본과 업체 계약 당자사의 신분증을 확인하고 계약서에 첨부한다. 회사의 주소, 전화번호, 담당자 이름과 연락처 등도 계약서에 기재한다.

□ **공사 시작일과 마무리 날짜를 표기한다**
착공일과 완공일을 명확하게 표기한다. 일정이 빠듯하면 하자 발생률 또한 높아지므로 입주일까지 여유를 두고 기간을 잡는 것이 좋다. 시공자의 책임으로 공사 지연 시 지체보상금을 정한다.

□ **공사금액, 부가세의 여부를 확인한다**
금액 확인 시 부가세 포함 여부를 명확하게 기재한다.

□ **공사금액 지급방법·지급일을 정한다**
계약 시 계약금, 중도금, 잔금으로 나누는 것이 일반적. 업체에 따라 계약금, 잔금으로 지급하기도 한다. 단, 많은 금액의 계약금을 한 번에 지급하는 일이 없도록 한다. 공사가 끝나고 잔금을 지급할 때는 하루 정도 꼼꼼히 체크 후에 지급한다.

□ **시공비는 누가 지불하게 되어 있는지를 확인한다**
보통 리모델링을 맡은 업체가 시공업체에 하청을 주는 경우가 일반적이지만, 차후 분쟁을 막기 위해선 확실하게 해둘 필요가 있다.

□ **공사비 이체 통장계좌를 첨부한다**
업체가 법인인 경우에는 법인명의(회사명의)의 통장계좌 사본을, 업체가 개인사업자인 경우에는 해당 사업주의 통장계좌 사본을 계약서에 첨부하고 계약서에도 계좌번호를 기재한다.
*공사대금 지불 시에는 계약서 상 기재된 계약자의 통장인지를 반드시 확인한 후에 지불하도록 한다.

□ **세금계산서를 발행한다**
세금계산서 발행 여부에 대해서도 계약 전에 협의한다. 세금계산서 발행을 받으면, 해당주택 매도 시에 양도소득세 감면 혜택과 대금결제 시 현금영수증 발행이나 카드결제가 가능해 연말소득공제도 받을 수 있다.

□ **공사공정표를 요구하라**
구체적인 공사일정에 대한 공정표를 업체에 요구할 수 있다.

□ **공사 상세내역을 작성한다**
공사내용에 대한 상세내역 작성을 요청하거나 계약서에 최종견적서 첨부를 요청한다. 공사할 각 공간에 대한 자재 리스트, 인건비 등의 항목이 명확히 기재되었는지 확인한다.

□ **산재보험 확인은 필수다**
공사 도중 사고가 발생하면 큰 피해를 볼 수 있으므로 직접 산재보험에 가입하거나 업체가 가입하도록 한다. 업체가 가입할 경우 비용은 발주자가 부담하며, 가입조치는 업체가 하도록 한다. 가입 여부는 공사 전 반드시 확인을 한다.

하자일까 아닐까 ⭕ ❌

1. 도배 공사를 했는데 곰팡이가 생겼다. ❌
도배지가 시공에 의해 구겨졌거나 터진 경우에는 하자이지만 결로 현상에 따라 곰팡이가 생긴 것은 하자가 아니다. 단, 결로를 방지하기 위한 별도의 공사 계약을 한 경우에는 하자다.

2. 섀시 공사를 했는데 주변 벽체에 결로 현상이 발생했다. ❌
섀시 공사를 하면서 주변 벽체에 별도의 단열공사를 계약하지 않을 경우에는 하자가 아니다. 성능 좋은 섀시를 사용할수록 주변 벽체에 결로 현상이 심하게 나타날 수 있으므로 반드시 단열에도 신경을 써야 한다.

3. 화장실 수전 공사를 했는데 수전 이음부에 물이 샌다. ⭕
수전 공사 후 수전 이음부에서 누수가 생기면 시공이 잘못된 것이므로 하자가 맞다. 하지만 수전 공사 후 바닥 누수는 하자가 아니다.

4. 화장실 덧방 공사를 했는데 누수가 발생했다. ❌
공사 후 화장실에 누수가 발생했더라도 별도로 방수 공사를 계약하지 않았다면 하자라고 말할 수 없다. 하자란 계약한 공사에 대한 기능상의 흠을 의미하는데 기본적으로 덧방 공사에는 방수 처리가 포함되지 않기 때문이다.

☐ **하자보수에 대한 내용을 반드시 기재한다**

하자보증 방법과 기간에 대한 내용을 정확하게 기재한다. 천만 원 이상의 공사에는 하자이행보증보험증권을 발급 받도록 한다.

☐ **발코니 확장공사 허가절차의 책임자를 정한다**

발코니 확장이나 비내력벽 철거 등 특정 공사의 경우, 관할관청 및 관리소에 별도의 신고 또는 허가 절차가 필요하다. 이에 대해 누가 책임지고 할 것인지를 명확히 협의한다.

☐ **계약이행보증 및 하자이행보증 증권발행을 요청한다**

계약서를 꼼꼼히 작성하면 그것만으로도 충분하지만, 큰 비용이 들어가는 대규모 공사의 경우에는 안전을 위해 계약이행보증 및 하자이행보증 증권발행을 요청하는 것도 방법이다. 계약이행보증율은 총 공사금액 대비 초기 계약금만큼 하며, 하자이행보증율은 총 공사금액 대비 5~10% 정도가 합리적이다.

인테리어 공사 시 체크리스트 ✓

☐ **공사가 원활히 진행되는지 확인한다**

공사공정표에 따라 공사가 진행되는지를 직접 둘러볼 필요가 있다. 상세내역에 있는 품목과 수량 및 색상이 맞게 시공되었는지도 확인한다.

☐ **진척도를 판단한 후 계좌로 공사비를 지급한다**

계약서에 기재된 공사비 지급일정에 맞춰 공사비를 지불한다. 단 공사공정표에 따라 공사가 잘 진행되고 있다는 판단이 들면 공사비를 지급한다. 공사비는 계약서에 기재된 계좌로 이체 입금하는 것이 안전하다. 만약 공사담당자에게 현금으로 지급한 경우에는 즉시 영수증을 요청하고, 해당 회사에 전화로 공사비를 지급했음을 확인시켜야 한다.

☐ **잔금 지급과 공사비완납확인서·공사완료확인서로 마무리 한다**

공사가 마무리되면 공사비 잔금을 지급하고 공사비완납확인서를 업체에 요청한다. 또 업체의 공사완료확인서에 사인을 해준다. 잔금은 하루 정도 꼼꼼히 체크 후에 지급하는 것이 안전하며 담당 디자이너 및 업체와 점검하고 계약서에 표기된 모든 일이 완성되었는지 확인한다. 만약 빠진 사항이 있거나 만족스럽지 못한 부분이 있다면 완료해야 할 리스트를 만들어 넘겨주고 해결이 된 후 지급하는 것이 좋다.

☐ **공사가 완료되면 하자이행보증증권을 신청한다**

하자이행보증 증권발행을 요청할 경우 업체는 공사완료확인서와 계약서를 가지고 서울보증보험에 가서 하자이행보증증권을 신청하게 된다.

하자보증증권 발행의 의미

하자 발생 시 업체의 적절한 보수를 받지 못해 서울보증보험에 보험금을 요청한다고 해서 바로 보험금을 받을 수 있는 것은 아니다. 서울보증보험에서는 전문가를 대동, 현장 실사를 통해 하자의 여부 및 규모를 판단하고 하자이행보증율 범위 안에서 보험금을 지급하게 된다. 그리고 해당업체에게 구상권을 청구하는 것이다.

취재협조 박목수의 열린 견적서

2 solution
리모델링 Q & A : 인테리어 전문가에게 듣는다

리모델링을 결정했다면, 그때부터는 끊임없는 선택과 결정만이 남아있다. 무엇 하나 쉽사리 정할 수 없어 결정장애에 빠진 이들을 위한 전문가들의 명쾌한 답변. 리모델링의 궁금증을 풀어본다.

Q1 성공적인 인테리어를 위한 업체 선별 시, 알아두어야 할 것은?

A   AS 문제는 제대로 된 업체를 만나면 문제가 되지 않으므로 처음 선택이 가장 중요하다. 견적을 3~4군데 이상은 받아두고 너무 저렴한 가격을 제시하거나 무조건 맞춰주겠다고 하는 업체는 피하는 것이 좋다. 디자이너가 없는 업체라면 집주인이 어느 정도는 스타일과 자재를 선별한 후에 진행해야 만족도가 높다. 하자보증에 대한 계약은 1년으로 확실히 기재해두는 것이 중요하며, 계약금을 너무 많이 요구하는 업체는 피한다. 어반 헤리티지 밤비

A   원하는 스타일이 있다면 그런 집을 시공하는 업체를 선정해야 추후 디자인 협의 및 진행 시 마찰과 갈등을 줄여 만족스러운 결과물을 낼 수 있다. 또 풍부한 경험이 있는지, 초기 상담과정에서 원활한 의사소통이 이루어졌는지, 디자이너가 자신의 디자인에 대한 자부심과 자신감이 있는지, 진실성이 느껴지는지, 초기 견적은 타 사무실에 비해 합리적인지, 인지도와 평판 등 몇 가지 기준을 정하여 선정한다. 삼플러스디자인

A   전화로 무작정 얼마에요? 얼마 정도 들어요? 그리고 가격적으로 '이 업체 싸다 혹은 좋다'라고 판단하는 것은 금물! 견적이 싼 것에는 다 이유가 있다. 무엇보다 원하는 바를 잘 들어주고, 실행에 옮겨 줄 것 같은 강한 믿음이 가는 회사와 계약해야 한다. 말로만 다 해주겠다며 현혹하는 경우도 있으므로 실제로 이 업체가 어떤 작업을 해왔는지, 사람들의 만족도는 어떤지 등을 체크하는 게 필수다. 물론 예산과도 맞아야 한다. 샐러드보울 디자인 스튜디오

A   보통 디자인 콘셉트가 정해져 있는 업체들은 사용하는 자재 또한 정해져 있어 다양한 스타일을 구현하기엔 제약이 있다. 따라서 자신이 원하는 콘셉트와 맞는 업체를 선별하거나 클라이언트의 조건을 수용해줄 수 있는 곳인지를 파악한다. 더불어 각각의 공사견적을 상세히 설명해 줄 수 있는 업체여야 한다. 인테리어는 초기 견적과는 달리 공사 진행 중에 비용이 크게 오르는 경우가 많아 난감해질 수 있으므로, 계약 전에 최소 견적에서 최대 견적까지 체크해 줄 수 있

는 곳을 선택한다. 계약 시 정해지는 예산 견적이 마감 때까지 큰 차이가 나지 않는 곳이어야 한다. 카민디자인

A 클라이언트의 관점에서 디자인적인 요소를 정리하고 조율하는지를 눈여겨본다. 디자이너의 고집만 내세운다면 결코 만족스러운 결과물이 나오기 어렵다. 구조 미팅 시에는 고객의 취향과 동선을 고려해서 제안하는지의 여부도 중요하다. 림디자인

Q2 예산을 짤 때 간과하기 쉬운 부분, 또 반드시 체크해야 할 것은?

A 현재 수준에 맞는 예산을 책정하는 것이 현명하다. 왜 인테리어가 필요한지, 공간에서 어떤 점이 불편한지, 어떤 스타일을 원하는지에 대한 가족들 간의 의견 수렴이 가장 중요하다. 많은 비용과 시간이 소요되기 때문에 효율적인 예산 책정은 필수다. 삼플러스디자인

A 인테리어 공사를 계획한다면 일반적으로 도배, 바닥, 싱크대, 조명 교체, 가구 제작 정도를 생각하지만 눈에 보이지 않는 금액도 생각해야 한다. 특히 철거, 설비 공사 그리고 폐자재 처리 같은 부분을 간과하기 쉬운데, 사실 이런 부분들이 비용이 꽤 들어간다. 오래된 집의 경우 보일러 교체와 설비 쪽을 반드시 체크한다. 특히 한번 손을 댄 욕실의 경우 덧방공사가 거의 불가능하므로 반드시 철거와 방수공사가 동반되어야 함을 기억해 예산을 짜야한다. 림디자인

A 집의 결로나 누수, 단열 등의 기존의 하자 문제를 가장 먼저 해결해야 한다. 보통 철거를 할 때 문제들이 속속 발견되곤 한다. 이 때 꼼꼼히 살펴보는 것이 중요한데 일반적으로 연식이 좀 된 아파트의 경우 설비와 단열 같은 기초 공사를 해야 하는 경우가 많다. 기초 공사 비용이 만만치 않으므로 충분한 상의를 해야 예산이 초과되는 것을 막을 수 있다. 카민디자인

Q3 벽 마감, 벽지 VS 페인트

A 비용을 생각하지 않을 수 없다. 페인팅은 생각보다 시공비용이 비싸다. 기존 내력벽에 페인팅을 위한 목공사와 페인트를 칠하기 위한 기본작업 그리고 하도작업, 상도작업 등 까다로운 공정이 필요하기 때문에 비용이 많이 든다. 도배보다 벽면이 고르고 매트하게 마감 돼 훨씬 깔끔한 느낌이 들지만 일단 비용이 3~4배는 더 든다. 또 보수가 어렵다는 게 단점. 도배는 시공법이 간편하고 저렴한 시공법으로 보수도 쉽다. 샐러드보울 디자인 스튜디오

A 벽면이 울퉁불퉁한 오래된 아파트라면 실크벽지가 비용 대비 효과적이다. 고르지 않는 벽면이라도 실크벽지로 마감하면 매끄럽게 표현되고 청소하기도 편리하기 때문이다. 페인트는 다양한 컬러의 구현이 가능하지만, 벽면을 고르게 하기 위한 작업 등 시공비용이 많이 드는 게 단점이다. 단, 신축아파트의 경우 벽면이 고르기 때문에 벽지용 페인트를 사용하면 벽지 위에 바로 바를 수 있다. 이 경우 셀프 시공도 가능하다. 삼플러스디자인

A   장단점을 따지자면 벽지는 종류의 한계가 있고 이음매부분이 어쩔 수 없이 생기는 반면, 도장은 컬러 선택의 폭이 넓고 매끈한 마감이 장점이다. 하지만 비교적 단가가 저렴한 벽지에 비해 페인팅은 하지작업을 할 경우 목공 비용이 든다. 또 별도의 유지 관리가 필요 없는 벽지에 비해 무광 도장을 할 경우 세심하게 관리를 해줘야 한다. 페인트 대신 벽지를 고른다면 패턴이 전혀 없고 색감이 풍부한 벽지를 고르는 편이다. 카민디자인

A   페인팅을 하고 싶은데 예산이 부족하다면 페인팅 느낌의 벽지를 시공하는 것도 방법이다. 광택이 없는 벽지를 시공하면 페인트 칠한 분위기를 내기 좋으며 벽지도 투톤으로 가로 세로 붙여 색다른 연출이 가능하다. 단, 무엇을 선택하건 몰딩과 걸레받이를 제거해야만 도장을 했을 때의 이국적인 느낌을 제대로 살릴 수 있다. 투앤원디자인스페이스

Q4 몰딩 컬러 교체, 필름지 VS 페인트

A   필름은 시공기간이 짧고 페인트에 비해 가격이 저렴하지만 컬러가 다양하지 않기 때문에 선택의 폭이 좁다. 또한 시공 시에 본드를 사용하기 때문에 민감할 경우 냄새도 고려해야 한다. 반면 페인트는 컬러가 다양해 선택의 폭이 넓고 매트한 마감이 가능해 선호도가 높다.
그러나 필름보다 가격이 비싸고 공정 시간 역시 전문시공인 경우 필름 시공보다 두 배가 걸리는 것이 단점. 기존의 몰딩 위에 밑 작업을 한 뒤 프라이머를 바르고 페인트칠을 하는 3가지 공정이 필요하기 때문이다. 천연제품을 사용하면 냄새 날 염려는 없다. 바오미다

A   시공자의 숙련도에 따라서 다르겠지만 페인트보다는 필름이 저비용 고효율에 부합된다. 단 몰딩의 디테일이 너무 많다면 깔끔한 마감이 어렵고 시공비도 추가로 발생할 수 있으므로 페인트가 나을 수 있다. 딱 무엇이 좋다고 단정 지을 수는 없다. 장단점을 비교해보고 가격과 표현력 등 현장 상황에 따라 선택하는 것이 정답이다. 림디자인

A   몰딩 마감을 교체할 때는 반드시 벽면 마감 전에 진행해야 한다. 도배 전 최소 2~3일 전에 진행되어야 하며, 도배 후에는 작업자에게 몰딩에 묻은 도배풀을 제거해 달라고 요청해야 한다. 몰딩의 컬러 교체에는 페인트를 추천한다. 숙련된 기술자가 시공할 경우 몰딩의 훼손된 부분까지도 핸드코트 등으로 보수가 가능해 완성도가 높은 편에 속한다. 아크몽스튜디오

A   기존에 필름지로 마감되어 있는 몰딩이라면 위에 필름지를 덧붙이거나 뜯고 재시공하는 것을 추천한다. 필름지 위에 페인트 도장을 할 경우 시간이 지날수록 페인트가 벗겨질 수 있기 때문. 단 기존에 페인트로 마감된 몰딩이라면 필름지나 페인트 둘 다 상관없다. 옐로플라스틱

A   곡선이나 굴곡이 없는 몰딩은 필름지를 시공하는 것이 좋고 곡선이나 굴곡이 있는 것은 페인트 시공이 적합하다. 하지만 필름과 페인트 시공비용이 결코 저렴하지 않으므로, 기성 몰딩

제품의 가격도 함께 비교해보길 제안한다. 투앤원디자인스페이스

Q5 거실 확장 VS 폴딩 도어, 선택은?

A 거실을 확장한 발코니는 실내가 되는 것이고 폴딩도어를 시공한 발코니는 어디까지나 외부다. 이 부분을 정확히 인지하고 선택하는 것이 중요하다. 폴딩도어는 내외부 공간을 상황에 따라 선택해서 사용할 수 있고 미관상 보기에 좋지만, 여름은 덥고 겨울은 추워 발코니 사용이 거의 불가능하므로 생각만큼 활용하지 못하는 경우가 많다. 투앤원디자인스페이스

A 확장공사를 진행하지 않고 폴딩도어만 설치한다면 큰 의미가 없다고 본다. 폴딩도어를 오픈한다고 하더라도 기존 발코니가 그대로 노출되는 것이기에 개방감이 든다고 할 수 없기 때문. 공간을 넓게 사용하고 싶다면 확장을 추천하며, 개방감을 원한다면 발코니와 거실을 같은 바닥재로 시공하거나 컬러를 맞추기만 해도 충분히 효과를 볼 수 있다. 폴딩도어 설치를 고려 중이라면 확장 공사 후 시공하는 것을 제안한다. 바나나안바나나

A 폴딩도어는 날씨가 따뜻해지면 문을 활짝 열어 개방감을 느낄 수 있고, 추울 때는 단열 효과를 높여주는 장점이 있다. 일반 섀시보다 단열에 취약하다는 말이 많지만 딱히 그렇지만도 않다. 폴딩도어 선택 시 문짝 사이 틈이나 문틀의 접합부에 고무 패킹 등의 처리가 잘 되어 있는지 확인하는 것이 중요하고 복층 강화유리를 사용해 방음, 방풍, 결로 방지 등의 기능을 높인다면 특별히 단열 걱정은 하지 않아도 된다. 단지 반드시 가정용 폴딩도어 시공을 전문으로 하는 업체에 맡겨야 한다. 퍼스트애비뉴 디자인

Q6 아이가 있는 집, 관리하기 쉬운 바닥재와 벽 마감재는?

A 층간 소음 문제로 아이가 뛰는 것이 걱정이 된다면 두께 5~8mm 정도의 소음을 줄여주는 특수 장판 제품을 시공하는 것도 좋다. 소재가 마음에 들지 않는다면 마루와 장판의 중간 느낌의 가정용 데코타일을 시공하는 것도 방법. 일반 장판보다는 두껍고 마루보다는 얇은 바닥 난방에 적합한 바닥재로 조각조각 붙이기 때문에 마루를 시공한 듯한 효과를 얻을 수 있다. 벽지는 종이벽지보단 오염될 경우 어느 정도 닦아 낼 수 있는 실크벽지가 관리에 용이하다. 아예 한쪽 벽면 전체에 페인팅을 해 아이가 낙서를 하더라도 셀프 페인팅으로 손쉽게 유지 관리하는 것도 방법이다. 혹은 벽면을 타일로 시공해 낙서나 오염을 방지하고 카페 분위기를 내는 것도 좋다. 투앤원디자인스페이스

A 바닥재로 소리잠이라는 장판소재를 추천한다. 4.5T, 6T, 9T로 두께가 다양하며 폭신한 소재로 층간소음 해결은 물론 아이가 넘어지더라도 안전하다. 찢어지거나 찍혔을 경우에는 부분적으로 보수도 가능하고 관리도 수월한 편. 강화마루는 스크래치에 강하고 합리적인 가격대로 아이가 있는 집에 많이 시공되는 추세인데, 최근 층간소음 방지를 위해 강화마루를 깔기 전 코르

크패드를 시공하는 제품도 나와 반응이 좋다. 삼플러스디자인

A 아이가 어리고 집에서 활동하는 시간이 많다면 관리하기 쉬운 장판과 실크벽지를 추천한다. 장판 중에서는 4T 이상의 제품이 층간소음 방지에도 효과적이고 적당한 쿠션감으로 사용면에서나 관리면에서 좋다. 실크벽지는 낙서 후 바로 지울 경우, 대부분의 낙서를 제거할 수 있는 장점이 있다. 아크몽스튜디오

Q7 해가 잘 들지 않는 집, 밝아 보이게 하고 싶다면?

A 채광이 약해 어두운 집이라면 마감재 선택이 무엇보다 중요하다. 오크 소재의 바닥재를 선택하고 싶다면 무겁고 어두운 컬러보다는 밝고 가벼운 오크 계통으로 선택하면 효과적. 밝은 타일 바닥은 집을 좀 더 넓고 화사하게 연출해주는 좋은 방법이다. 벽면 역시 화사하고 따뜻한 색감이나 가벼운 컬러로 선택하는 것이 집을 답답하지 않게 만들 수 있는 방법이다. 마르멜로

A 화이트나 베이지를 쓰면 밝고 따뜻한 느낌을 줄 수 있다. 침실 같은 경우 화이트 쉬폰 커튼으로 자주 스타일링 하는데 화이트 쉬폰 커튼을 이용하면 빛이 확산광으로 바뀌기 때문에 화사하고 포근한 분위기를 만들 수 있다. 샐러드보울 디자인 스튜디오

A 전체적인 컬러를 밝게 하고 공간을 비우는 것이 급선무다. 불필요한 가구는 줄이고 최대한 깔끔하게 공간을 정리한 다음 밝고 따뜻한 컬러들의 소품과 패브릭을 활용하면 전체적으로 환한 분위기를 만들 수 있다. 바오미다

A 조명, 컬러, 마감재의 선택이 중요하다. 기본적으로 '산뜻' '밝음' '경쾌' 이 세 가지 느낌을 주는 소재들을 주로 사용하는 것을 제안한다. 화이트나 밝은 그레이 컬러와 같이 무채색을 주로 사용하되 조명을 늘려 실제 조도도 밝게 하고 초록 식물이나 산뜻하고 발랄한 컬러의 쿠션 등으로 포인트를 준다면 공간이 한층 가벼워질 것이다. 마감재도 둔탁한 소재보다 작고 매트한 느낌의 캐주얼한 디자인을 선택하는 것이 좋다. 림디자인

Q8 아파트 끝라인, 겨울철 단열을 위한 제안?

A 요즘은 단열재인 스티로폼부터 결로 방지를 위한 이보드 제품까지 다양하게 판매되고 있으며, 시공이 간편해 셀프 시공도 가능하다. 단순하지만 확실한 방법은 외벽 쪽에 수납장(붙박이장)을 배치해 벽면의 찬 기운을 막아내는 것. 단열재를 시공하고 수납장으로 막아두면 두 배의 효과를 얻을 수 있다. 잦은 환기로 곰팡이가 생기지 않도록 주의한다. 삼플러스디자인

A 공사 시 외벽 쪽 단열공사를 해주는 방법이 효과적이다. 공사 없이 손쉬운 방법으로는 안방이라면 침대를 벽에 붙이지 않고 떼어서 배치하되, 단열벽지와 단열커튼을 이용하는 것을 추

천한다. 섀시의 경우 아르곤가스가 들어간 고사양 섀시로 교체해주는 것도 방법이다. 림디자인

Q9 겨울철 추운 화장실을 따뜻하게 사용하기 위한 방법은?

A 첫 번째는 인테리어 공사 시 확장 등으로 바닥 난방을 보수하게 될 경우, 욕실까지 난방을 확장하는 방법이다. 하지만 욕실에도 난방배관을 넣으면 그만큼 전체적인 난방효율이 다소 떨어질 수 있다. 머무는 시간이 적은 만큼 필요할 때만 난방을 이용하더라도 단시간에 따뜻해지지 않으므로 아쉬운 점이 많다. 다른 방법은 욕실 난방기기 사용이다. 온풍기, 적외선 램프, 라디에이터, 전기 컨벡터 등이 있어 가족의 욕실 사용 스타일에 따라 고르는 것이 좋으며 단 욕실에서 사용하는 만큼 방수기능이 있는지 확인한다. 아크몽스튜디오

A 욕실이 너무 춥다면 바닥 보일러 배관을 욕실까지 시공하는 것이 효과적이지만, 이 때 욕실 바닥을 철거해야 하므로 방수층이 깨질 위험이 있다. 물 사용이 많은 욕실의 특성상 다양한 문제가 발생할 수 있으므로 반드시 경험이 풍부한 업자를 통해 시공하되 충분한 상의가 동반되어야 한다. 샤워나 목욕을 하는 일부 공간을 제외한 나머지 부분을 건식으로 시공해 그곳에만 난방을 하는 것도 방법이다. 심플러스디자인

Q10 원활한 하자보수를 위해 공사를 의뢰할 때 체크해야 할 것?

A 원칙을 토대로 한 시공의 경우 한 달 이내의 간단한 하자가 대부분이며 빠른 하자보수 진행이 가능하다. 하지만 노후된 건물에서는 예기치 못한 하자가 발생하는 경우가 종종 있다. 특히 무리한 공간 변형과 함께 진행된 배수·배관 공사는 아래층에도 영향을 줄 수 있으므로 철저한 관리감독 아래에서 꼼꼼한 시공이 진행되어야 한다. 림디자인

A 깨끗한 마감과 멋진 디자인도 중요하지만 추후 AS를 어떻게 진행하는지를 꼼꼼히 살펴봐야 한다. 하자보수는 대부분의 경우 1년 무상으로 진행하고 있으며, 계약 전 서류상으로 하자 관련 항목을 체크할 것을 권한다. 이렇게 하면 계약서를 통해 기본적인 계약관계나 하자 보증이 입증되게 된다. 그래도 불안하다면 보증보험회사에 보험료를 내고 하자보증이행증권을 발급받아 위험부담을 줄이는 것도 좋다. 무엇보다 하자가 발생하지 않게 충분한 공사일정을 두어 공정별로 꼼꼼하게 시공하는 것이 제일 좋은 방법이다. 작업 기간을 충분히 확보해야 하자 발생률도 그만큼 줄어든다는 사실을 기억해야 한다. 심플러스디자인

A 계약서에 하자보수 기간과 유무상 수리의 범위를 기재하는 것이 좋다. 계약서에 기재된 하자보수기간 내에 하자가 발생했다면 하자 발생 부분을 촬영해 업체에 전달하고, 이를 이메일이나 메시지 등에 기록해 남겨둔다. 만약 하자보수가 진행되지 않을 시에는 하자이행 보증증권을 서울보증보험에 발급토록 한다. 바나나안바나나

3 advice
손쉽게 따라해 보는 스타일별 자재매치

인테리어의 바탕이 되는 벽과 바닥. 원하는 스타일을 내기 위해서는 어떤 색과 질감의 자재를 선택하느냐가 가장 중요하다. 따라만 하면 기본 점수는 받고 시작하는 벽지와 바닥재 매칭의 ABC.

CHECK! YOUR STYLE

스스로 어떤 스타일의 인테리어를 원하는지 모르는 사람이라면?
인테리어에 정답은 없다. 나의 취향이 곧 정답이다. 어떤 결론이 나올지 하나씩 체크해본다.

1. 옷장 열어보기(내 옷의 색과 패턴은?)
2. 휴가지에서 머물렀던 곳 중 가장 좋았던 숙소 기억해보기
3. 인테리어 잡지, 방송, 앱, 사이트 등에서 스크랩한 이미지의 공통점 찾아보기
4. 내 집에 꼭 있어야 할 물건 / 없어도 살 수 있는 물건 구분하기
5. 거실 벽에 단 하나의 그림만 걸 수 있다면 어떤 그림을 선택할지 고민해보기
6. 가지고 있는 가구의 색상, 질감, 장식을 관찰해보기
7. 현재 살고 있는 집 안에서 가장 마음에 드는 공간의 인테리어 스타일 알아보기

북유럽 디자인
keyword #실용성 #자연주의 #헤링본 패턴 #원목가구 #패브릭
who 다소 비싸더라도 친환경적인 것을 선호하는 사람, 실용적이면서 간결한 디자인을 좋아하는 사람
how 화이트, 베이지, 오트밀의 잔잔한 색채 혹은 나뭇결의 질감을 살린 단색 벽지와 곡선 마루, 헤링본 패턴 마루 등을 이용해 투명한 배경을 만들어준다. 여기에 소품이나 패브릭, 가구의 포인트 컬러를 이용하여 분위기를 경쾌하고 위트 있게 만든다.

모던 빈티지
keyword #도시적 #무채색 #믹스매치 #빈티지가구
who 심플한 바탕에 가구나 소품으로 포인트를 주고 싶은 사람, 빈티지 가구를 좋아하는 사람
how 질감이 옅은 무채색의 벽과 차분한 패턴의 바닥으로 중립적인 바탕을 만든다. 낡았지만 그래서 더 멋스러운 가구와 소품을 느슨하게 배치해 안락한 공간을 연출한다.

로맨틱
keyword #우아함 #파스텔톤 #클래식 #프렌치 디자인 가구

who 밝고 화사한 톤을 선호하는 사람. 화려한 장식과 우아한 곡선에서 아름다움을 찾는 사람

how 화이트, 핑크 등 파스텔톤 계열의 화사한 벽지와 마찬가지로 연한 색의 바닥을 통해 넓고 부드러운 분위기를 만든다. 몰딩프레임을 만들어 벽이나 문에 붙이거나 선적인 요소가 많은 가구를 통해 공간에 깊이감을 줄 수 있다.

인더스트리얼
keyword #생동감 #캐주얼 #노출콘크리트 #파벽돌 #DIY가구

who 거칠고 투박해 보이지만 낡은 것에서 매력을 느끼는 사람. 기존의 관습과 질서에서 벗어나 새로운 것을 하고 싶은 사람

how 거친 느낌은 내고 싶지만 관리를 생각하지 않을 순 없기에, 손쉽게 관리할 수 있으면서 스타일도 살릴 수 있는 자재를 선택하는 것이 중요하다. 트렌디한 패턴의 PVC 시트 바닥재나 합지벽지 등 유지관리는 물론이고, 합리적인 가격과 편리한 시공성의 제품들을 찾아볼 수 있다. 금속이나 철제 소품을 함께 배치하면 분위기 연출에 더욱 효과적이다.

한식
keyword #좌식생활 #나무 #온돌 #전통가구

who 차 마시는 것을 즐기고 도심에서도 한식의 분위기를 내고 싶은 사람. 좌식생활을 주로 하는 사람

how 전통적인 문양과 형태에서 마음의 안정감을 찾는다면 마루를 격자, 한식 대문 등의 패턴으로 시공해 보자. 여기에 익숙하고 소박한 질감의 벽지를 선택한다면 한가롭고 목가적인 분위기를 낼 수 있다. 심플한 원목 가구나 화이트 가구를 사용하면 모던한 한식 스타일이 완성된다.

벽지 구입 노하우
1. 많이 보는 게 중요하다
요즘은 업체 홈페이지에서 인테리어 스타일을 찾아주고, 그에 맞는 공간 연출 사례와 해당 제품을 소개해주기도 한다.

2. 가급적 직접 보고 결정한다
벽지가 벽에 놓였을 때 느낌은 이미지로만 보는 것과 확연히 다르다. 전시장을 방문해 시공 공간 및 대형 샘플을 눈으로 직접 확인한다.

3. 벽지 소요량을 미리 계산해 본다
업체 홈페이지에 들어가면 소요량을 측정해주는 계산기가 있어 벽지 가격만 알면 시공비용을 가늠할 수 있다.

마루 구입 노하우
1. 업체에서 여러 샘플을 비교해 보는 것이 좋다
마루는 조명과 집의 채광 상태, 벽지, 가구 색깔에 따라 느낌이 달라지므로 샘플을 가지고 집 안의 분위기와 어울릴지 시험해 본다.

2. 너무 싼 자재는 의심해 본다
저렴한 가격에 초점을 맞추다 보면 불량 자재를 구입할 수 있다. A/S가 불가능한 경우도 있으니 주의한다.

3. 재질에 따라서 유지·관리 하는 방법도 꼼꼼히 따져본다
우리 집 라이프 스타일이 입식인지 좌식인지, 긁힘이나 찍힘에 강한지, 열효율은 좋은지 등을 체크한다.

4 guide
소유하고픈 '이케아 주방가구' 자가 설치를 위한 '꿀팁'

인테리어를 이야기하면서 이케아를 빼놓을 수 있을까. 감각 있는 디자인은 물론 합리적인 가격으로 사랑받고 있는 이케아 주방가구. 이번 기회에 선배들의 생생한 노하우를 전수받아 도전해보자. 업체를 통해 시공하더라도 별도로 구입하거나 요청하면 내 주방이 될 수 있다.

step1   실측하기

○ 주방 설비에 변경사항이나 새로 추가해야 할 것이 있다면 실측 전 미리 시공한다. 실측과 플래닝 과정에 수도 및 배수구, 각종 설비 배관 등의 정확한 위치가 반영되어야 하기 때문.

○ 주방가구를 설치할 벽의 구조와 재질을 확인한다.

○ 일반 줄자를 사용해도 되지만, 오차를 줄이기 위해서 한 곳당 3번 이상 재는 것이 좋다.

○ 문, 창문 등 각 개구부의 크기 / 바닥에서 천장까지 높이 / 벽과 벽 사이 거리 / 구석 공간에서 문까지 거리 / 창문에서 바닥, 천장, 구석 공간까지의 거리를 측정한다.

○ 난방기, 환기구, 배관처럼 돌출되는 것이 있으면 미리 표시해둔다.

○ 가스레인지, 인덕션 사용 시 가스 밸브와 전기 배선을 확인하고 배수구 및 수도, 콘센트와 스위치, 주방 후드 등의 위치를 표시한다.

IKEA SERVICE
이케아의 '방문 주방 실측 서비스'를 이용할 수 있다. 기본요금은 5만원이며, 설치까지 모두 이케아 서비스를 이용하면 이 금액은 다시 돌려준다. 단, 영수증은 꼭 챙긴다. 지역에 따라 측정 서비스를 받을 수 없는 곳이 있으니 미리 확인해두자.

step2   플래닝하기

○ 이케아 홈페이지 주방 카테고리에 있는 '3D 플래너'를 이용하면 가상으로 주방을 계획해볼 수 있다. 평면으로도 3D로도 확인이 가능하며 원하는 제품을 바로 배치하고 최종 견적까지 바로 확인이 가능하다.

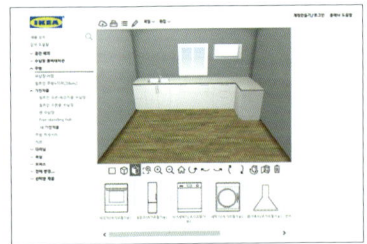 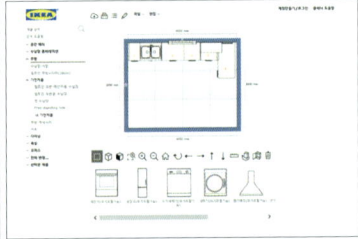

○ 이렇게 셀프로 견적을 낸 후에는 결과물을 인쇄해 구매 시 매장 직원에게 문의하면 된다. 구입 전 직원 상담은 필수. 상담은 인터넷으로 사전 예약 시 가능하다.

IKEA SERVICE
- 직접 하기가 어렵다면 매장에서 진행되는 '무료 플래닝 상담'을 받아본다. 홈페이지에서 주방 플래닝 상담 예약을 신청한 후 방문하면, 1시간 무료(이후 1시간당 1만원)로 상담을 받아볼 수 있다. 플래닝하는 방법과 간략한 견적 등을 알아 볼 수 있다.
- 더 자세한 주방 설계를 위해서 '이케아 플래닝 서비스'가 준비되어 있다. 기본요금 7만원에 전문가가 직접 방문하여 고객의 요구와 희망 사항을 반영해 주방을 설계해준다. 설계도와 쇼핑리스트가 제공되며 비용은 설치 서비스를 이용할 경우 돌려받을 수 있다. 예약이 밀려 있는 경우가 많으니 원하는 날짜에 받으려면 2~3주 전에 미리 신청할 것을 권한다.

step3   주문하기

○ 홈페이지, 모바일앱에서 구매하고자 하는 제품의 재고를 미리 확인하고 방문한다.

○ 주문은 이케아 매장에서 직접 진행한다. 구매한 제품은 직접 가져가거나 배송 서비스를 이용할 수 있다.

○ 이케아 마니아들이 귀띔하는 황금시간대는 '평일 오전 10시부터 오후 12시, 저녁 6시부터 밤 10시(마감)까지'다.

step4   설치하기

○ 다음 페이지에 소개될 DIY 과정을 참고한다.

IKEA SERVICE
- '이케아 주방 설치서비스'를 신청하면 예약된 날 지정 업체에서 방문해 설치해준다. 단 이케아에서 구매한 제품만 설치가 가능하다.
- 설치서비스 비용은 제품 구성에 따라 달라지는데, 보통 구매금액의 15~20퍼센트 정도로 예상하면 된다.

Do It Yourself

필요한 공구
직소, 전동드릴 & 타일기리, 레이저 수평계, 쇠톱, 전동 드라이버 & 십자형 비트, 못과 망치, 칼블럭(앵커블럭) 기타(줄자, 수평자, 실리콘건, 홀소 등)

잠깐! 설치하기 전에

○ 프레임을 조립할 때 꽤 넓은 공간이 필요하니 짐 정리 등을 통해 충분한 공간을 확보해두자.

○ 모든 과정을 혼자서 하기는 버거울 수 있다. 2인 이상이 함께 작업할 것을 추천한다.

○ 가로 40cm 프레임은 혼자 들어도 무리가 없지만, 가로 60cm 이상은 생각보다 무겁다. 특히 키 큰장은 굉장히 무거우니 주의해야 한다.

○ 이케아 국내 진출 초기에는 싱크 배관 호환이 안 되어 연결에 어려움이 있었다. 그래서 어댑터를 따로 구입하거나 Y자 모양의 컨버터를 설치 후 국내 식기세척기 등을 사용해야 했다. 지금은 이케아에서 주방가구를 구입하면 설치 시 필요한 어댑터를 함께 제공한다.

01 프레임, 서랍 조립

02 서스펜션레일 설치

03 서스펜션레일에 프레임 고정

04 주방가구 다리 설치

05 프레임끼리 고정

06 경첩 설치

07 선반 레일 설치

08 문, 손잡이 설치

09 하부장 뒤판, 상판 재단 및 타공

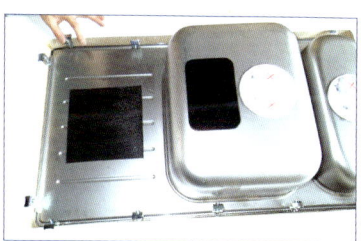
10 싱크볼 설치

11 배수관 설치

12 인덕션 설치

설치 과정은 주방 구성에 따라 차이가 있을 수 있다.
사진 제공 블로거 유소연 님

Real Case

성산동 리모델링 주택

주방 가구 구매
약 400만원(가구, 액세서리 포함)
BODBYN 서랍앞판, ME 하부장,
상판 너도밤나무
**이케아 실측, 플래닝, 설치 서비스
비용** 약 55만원

대구 두꺼비집

주방 가구 구매
약 300만원(가구, 액세서리 포함)
BODBYN 서랍 앞판, ME 하부장,
HAMMARP 조리대(자작),
BREDSKAR 싱크대
실측, 플래닝, 설치 비용 0원(직접 설치)

장단점 전격 비교

장점
○ 이케아 철거 서비스를 이용하면 별도의 철거업체를 선별하지 않아도 돼 편리하다.
○ 서랍, 도어, 선반, 서랍, 상판, 내부 액세서리까지 모든 구성품을 마음대로 선택하여 조합할 수 있다.
○ 부품이 파손되거나 문짝 등이 오염되면 언제든 일부만 사서 교체할 수 있다.
○ 하부장을 모두 서랍장으로 구성할 수 있어 사용 시 편리하다. 단, 서랍이 많을수록 비싸진다.

단점
○ 선택의 폭이 넓어서 오히려 어려울 수 있다.
○ 이케아 주방가구는 바닥에서 상판까지의 높이가 90cm로 키가 160cm 이하라면 사용 시 불편할 수 있다. 싱크대 다리(8cm)를 빼는 것이 최대한 낮출 수 있는 높이인데, 이것도 높다고 판단되면 다른 제품을 구입하는 것이 좋다.

쿠밈하우스

주방 가구 구매 약 320만원
VEDDINGE 화이트도어 / 프레임
METHOD 화이트
하부장 80×60×80 2개,
60×60×80 2개, 키큰장
60×60×220 1개, 키큰장
40×60×220 2개 /
BLANKETT(알루미늄)
손잡이 / UTRUSTA 선반,
MAXIMERA 서랍, UTRUSTA
도어완충장치 / HALLESTAD
양면조리대 / BOHOLMEN
싱크대(더블싱크거름망) 90×50,
RINGSKAR 싱글주방수전
실측, 플래닝, 설치비용 0원(직접 설치)
부자재 비용 석고보드용 토우앵커 등 약 2만원

사진제공 유소연

이케아 주방가구 DIY 선배들의 특급 조언

1. 동봉된 설명서에 충실하라
제품마다 설명서가 동봉되어 오는데, 이를 참고하여 순서에 맞게 조립하면 되므로 생각처럼 어렵지 않다는 것이 경험자들의 증언이다.

2. 주방가구 구조를 복잡하지 않게 설계하라
주방가구 구조와 제품구성, 디테일이 복잡할수록 플래닝, 설치 과정은 아무래도 어려울 수밖에 없다. 직접 설치할 계획이라면 너무 복잡한 구조는 피하는 것이 좋다.

3. 서스펜스레일 설치가 관건
이케아 주방가구는 독립적으로 서 있지 않고 벽에 서스펜스레일을 달아 고정하는 형식이다. 따라서 이 레일을 어떻게 설치하느냐에 따라 주방가구의 견고함이 결정된다. 수평계를 이용해 수직·수평을 정확히 맞추고 벽에 설치한다면, 각각의 덩어리를 레일에 고정하는 작업은 아주 쉽다. 이때 벽에 못을 그냥 박아두면 시간이 지날수록 헐거워지므로, 칼블럭을 먼저 박고 못을 박으면 단단하게 고정된다.

4. 타일 벽, 깔끔하게 구멍 뚫는 노하우
타일로 마감한 벽에 서스펜스레일, 선반 등을 설치하는 일이 초보에게는 어려울 수 있다. 전동드릴로 바로 작업하면 매끈한 표면 때문에 미끄러져 흠집을 내거나 깨질 수 있는데, 이럴 땐 못을 대고 망치로 살짝 내려쳐 위치를 먼저 잡아주면 된다. 그 자리에 전동드릴로 작업하면 흔들릴 염려가 없다. 또, 드릴로 벽을 뚫으면서 생기는 먼지는 아래쪽에서 청소기 흡입구를 대어주면 바로 빨려 들어가 깔끔하다.

5. 손잡이 달 때는 도안을 활용해라
문짝에 손잡이를 달 때 위치를 일정하게 잡기 어렵다면 도안을 활용하면 된다. 일정 간격으로 표시할 수 있도록 나온 템플릿 제품을 사용하거나 종이에 도안을 그려 구멍을 낸 뒤 사용할 수 있다.

6. 영수증은 절대 버리지 말자
이케아는 영수증을 지참해야만 불량품 등을 새것으로 교체해준다. 사용하다 하자가 발생했을 때도 영수증이 있어야 사후처리가 쉽다. 또 배수 트랩의 어댑터를 받기 위해서는 구입 후 계산대 옆 서비스센터에 영수증을 반드시 보여주어야 한다.

7. 상판 절단과 타공 등 자신 없는 일은 전문가에게
상판을 주방 크기에 맞게 절단하거나 싱크볼, 인덕션 설치를 위해 타공해야 할 때, 일반인이 직소기로 작업하기란 쉽지 않다. 무리하지 말고 근처 목공소에 맡기는 것도 방법이다. 간단한 절단 작업은 2만 원 정도면 해결할 수 있다. 이케아에서 판매하고 있지 않은 대리석 상판을 원한다면 일은 더 쉬워진다. 대리석 상판 업체에 별도로 주문 제작하면 대부분 상판 시공 시 싱크볼과 수전, 인덕션까지 모두 설치해준다.

도움 주신 분
전영주 대구 두꺼비집 건축주.
이철환 소장 미루공微樓工 건축사사무소, 02-6371-6587.
유소연 블로거 쿠밍
(blog.naver.com/outsalon).
최주원 블로거 이케아주방박사
(blog.naver.com/7331303)

5 DIY
이 정도는 해보자 짬 내서 하는 집수리

큰 공사는 업체를 통해 진행하더라도 커튼 달기나 실리콘 쏘기, 손잡이 교체 같이 소소한 수리는 마음만 먹으면 누구나 할 수 있다. 의외로 설치하는 방법이 쉽고 가격이 저렴해 도전해볼 만한 셀프 수리.

01 실리콘 처리하기

02 커튼레일, 커튼봉 설치하기

03 갤러리처럼 액자 걸기

04 방문 손잡이 교체하기

05 낡은 방충망 갈기

06 전기 스위치 및 콘센트 교체

기술자문 핸디페어 www.handipair.com

DIY 01
실리콘 처리하기

욕실과 주방의 습한 곳에 자주 발생하는 곰팡이. 이런 부위에는 새로 하는 실리콘 작업이 답이다. 가정생활에 요긴하게 활용할 수 있는 실리콘 시공법.

준비물
코팅 장갑, 커터칼, 마스킹 테이프, 실리콘 노즐(시공 부위에 따라 교체하는 경우가 많으니 여분을 구입해 둔다), 실리콘(용도별, 컬러별로 선택), 실리콘건, 퍼티 나이프(스트리퍼), 실리콘 스크래퍼(고무 헤라)

PART 1 실리콘 시공 준비하기

01 노즐 구멍 만들기
실리콘 노즐 끝 부분을 45도 각도로 절단한다. 작업할 면의 폭과 비슷한 지름으로 맞춘다

02 노즐 모양 만들기
커터칼 뒷부분으로 노즐의 앞머리를 지그시 눌러준다. 좌우로 퍼진 타원형의 구멍이 작업하기 편하다.

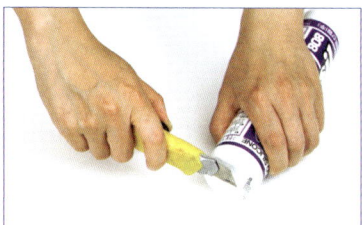

03 실리콘 따기
실리콘 머리 부분을 커터로 잘라낸다. 제거한 구멍 안에 바람개비 모양이 보이면 잘 절단한 것이다.

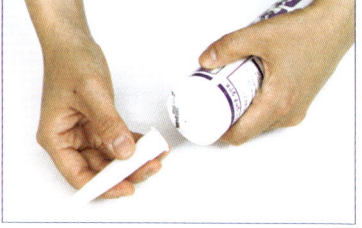

04 노즐과 실리콘 결합하기
노즐을 돌려 끼워 실리콘 몸통에 연결한다.

05 실리콘건 준비하기
실리콘건의 고정쇠를 눌러 총의 밀대를 최대한 당긴다.

06 실리콘을 건에 고정시키기
실리콘을 머리 쪽부터 실리콘건에 넣는다. 방아쇠를 계속 당겨주면 완전히 고정된다.

PART 2 창틀과 벽체 틈새의 실리콘 재시공

01 기존 실리콘 제거하기
곰팡이가 낀 기존 실리콘을 먼저 제거한다. 커터칼로 위 아래를 도려내고 기존 실리콘을 길게 뜯어낸다.

02 주변 청소하기
남은 실리콘 찌꺼기는 퍼티 나이프로 긁은 다음, 진공 청소기나 빗자루로 제거한다. 물기가 있으면 헝겊이나 마른 걸레로 닦아낸다.

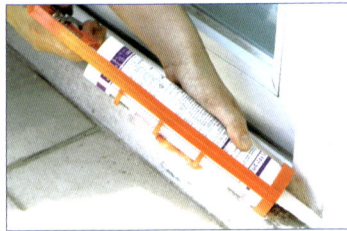
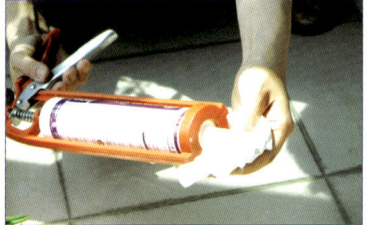

03 실리콘 쏘기
시공 면의 45~60도 기울기로 세우고 시작점에 바짝 대고 출발한다. 방아쇠를 일정한 힘으로 눌러준다.

04 노즐 닦아내기
작업이 끝나면 바로 휴지를 이용해 노즐에 남은 실리콘을 닦아낸다.

05 헤라로 밀기
실리콘을 쏘자마자 실리콘 헤라로 눌러 밀어준다. 헤라를 세워 들어야 더 단단히 밀착된다.

06 실리콘 재시공 완료
실리콘은 2~3일은 지나야 건조가 된다. 그 전에 물기가 닿지 않게 관리한다.

PART 3 욕실 유리와 선반 사이 실리콘 재시공

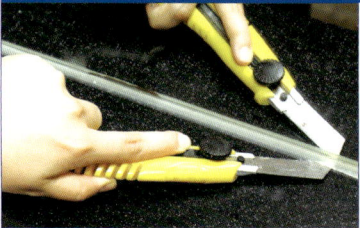
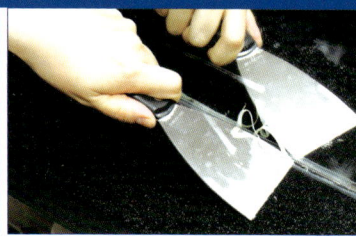

01 기존 실리콘 제거하기
커터칼과 헤라로 기존 실리콘을 제거한다. 유리에 핀 곰팡이는 쉽게 제거되지 않으므로 흰색 실리콘으로 가려주는 것이 좋다.

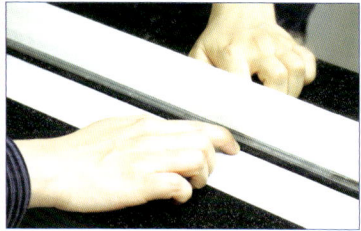

02 마스킹 테이프 붙이기
실리콘을 바를 부위를 남겨두고 위 아래로 마스킹테이프를 붙인다.

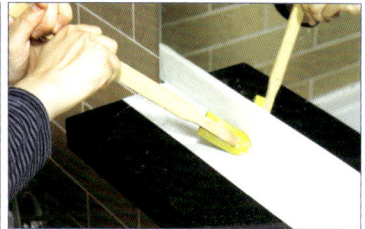

03 실리콘 쏘고 헤라로 밀기
헤라를 세워서 잡고 팽팽한 탄력이 느껴지도록 작업한다.

04 끝부분 마무리하기
코너와 가장자리는 물 묻힌 손가락으로 가볍게 터치해 마무리한다. 반드시 한 번에 작업해야 한다.

05 마스킹테이프 제거하기
작업이 끝나면 바로 마스킹테이프를 떼어낸다. 완벽히 마르기 전에는 물기가 닿지 않게 관리한다.

DIY 02
커튼레일, 커튼봉 설치하기

커튼과 블라인드를 취급하는 온라인 쇼핑몰이 늘어나면서 소비자들이 직접 구매해 설치하는 사례가 늘고 있다. 주문에 앞서 사이즈를 정확히 측정하고 커튼봉과 블라인드 박스, 부자재의 크기와 개수를 정확하게 산정하는 것이 중요하다.

준비물
커튼봉, 커튼봉 마개, 브라켓, 걸이장치, 커튼링(커튼봉의 지름에 맞춰 주문, 설치할 곳의 가로 사이즈에 12를 나누면 필요한 개수), 커튼 레일(주로 속커튼 용), 레일 브라켓, 나사못(설치 부위가 석고보드일 경우 석고피스를 따로 준비한다), 줄자, 십자 드라이버, 전동드라이버

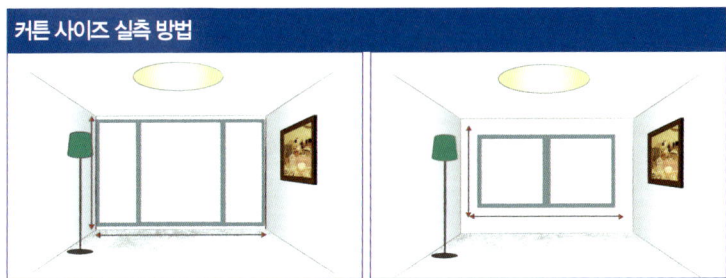

커튼 사이즈 실측 방법

거실용 커튼
커튼 가로 사이즈를 잴 때는 줄자를 바닥에 놓고 왼쪽 벽에서 오른쪽 벽 끝까지 잰다. 세로는 커튼박스 안에서부터 바닥까지 직선으로 잰다.

창문용 커튼
가로는 창틀보다 약 10~20cm 정도 여유를 주고, 세로는 천장(커튼박스가 있다면 그 안)부터 아래 창틀까지 재고 여기에 20~30cm를 더한다. 창호 크기보다 커튼이 클수록 실내가 넓어 보인다.

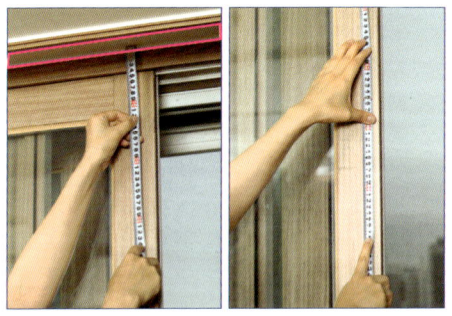

커튼 주문 전에 설치 부위의 가로 세로 사이즈를 잰다. 그림에 표시한 커튼 박스 안쪽에서부터 손으로 눌러 자를 고정시키면서 아래로 내려오면 혼자서도 실측이 가능하다.

PART 1 속커튼을 달기 위한 커튼레일 설치

01 커튼레일과 레일 브라켓 준비하기
커튼레일을 너비에 맞춰 길게 뺀 뒤 바닥에 70~80㎝ 간격으로 브라켓을 놓아둔다. 레일을 길게 뽑았을 때 두꺼운 겉대는 '대'자 브라켓을 얇은 속대는 '소'자 브라켓을 사용한다.

02 브라켓 위치 표시하기
창틀에서 2~3㎝ 띄워 레일을 부착할 위치를 체크한다. 오른쪽 벽에서 5~6㎝ 떨어진 지점을 표시해 첫 번째 브라켓을 고정한다.

03 브라켓에 나사못 박기
브라켓에 글자가 표기되어 있는 부분이 자신에게 향하도록(안쪽으로) 한 뒤 나사못으로 고정시킨다. 처음에는 전동드릴로 작업하다, 조여지는 단계에 오면 십자드라이버로 바꾼다. 70~80㎝ 간격에 맞춰 브라켓을 모두 박는다.

04 커튼레일 끼우기
겉대에서 속대를 잡아 빼 길이를 맞춘 커튼레일을 브라켓에 고정시킨다. 뒤편이 먼저 들어가도록 한 뒤, 눌러서 딸깍 소리가 나도록 끼워준다.

05 속커튼 달기
커튼레일에 속커튼을 끼우면 완성. 커튼레일 가장자리의 원형 홈에 커튼 끝자락을 끼워준다.

PART 2 겉커튼을 달기 위한 커튼봉 설치

01 커튼봉 브라켓 위치 정하기
브라켓 위치를 표시한다. 커튼봉 마개의 길이를 감안해 2~3cm 정도 여유를 두고 첫 번째 브라켓을 설치한다.

02 브라켓 고정하기
브라켓은 가운데에 한 개, 양끝에 한 개씩 총 세 군데 설치한다.

03 봉에 커튼링 끼우기
마개를 빼고 준비된 커튼링을 모두 끼운다.

04 커튼봉 설치
브라켓에 봉을 걸 때 커튼링이 고르게 분포되도록 해야 커튼이 한쪽으로 쏠리지 않는다.

05 커튼 달기
커튼봉에 겉커튼을 끼워 커튼을 설치한다. 마개에 고정링이 있으면 여기에 커튼의 끝자락을 끼워준다. 고정링이 없는 경우 브라켓과 마개 사이에 링을 1~2개 정도 빼서 걸어주면 커튼을 닫을 때 한쪽으로 쏠리지 않는다.

06 걸이장치 부착하기
걸이장치를 창틀이나 벽면에 고정한다.

07 커튼 달기 완성
미세한 높이 조정은 커튼핀을 조절할 수 있다. 스팀기 등으로 주름을 펴고 말리면 완성.

PART 3 블라인드 박스 설치

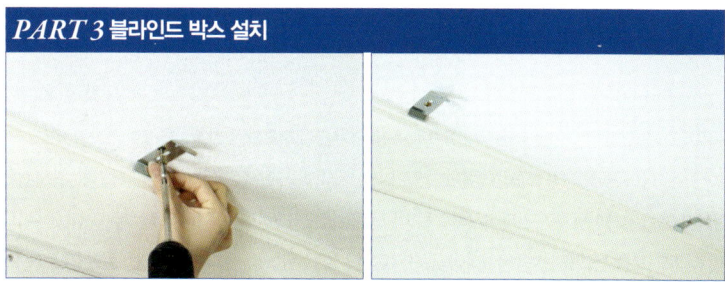

01 천장에 일자형 브라켓 설치하기
브라켓의 길게 내려 온 부위를 작업자 쪽으로 향하게 해 나사못을 이용해 고정시킨다. 설치될 위치를 가늠해, 블라인드의 양쪽 끝에서 5cm 안쪽으로 들어 온 부위에 각 하나씩 설치한다.

천장의 브라켓에 끼워진 블라인드를 위에서 본 모습

02 블라인드를 브라켓에 끼우기
블라인드는 슬랫(slat)을 모두 당긴 후, 끈을 조절해 블라인드 박스와 슬랫 사이에 손가락 하나 정도가 들어갈 틈을 만든다. 브라켓에 뒷면을 먼저 고정하고 앞면을 위로 밀어 올리면 딸깍 하는 소리가 나면서 고정된다. 다시 뺄 때는 일자 드라이버를 브라켓과 블라인드 사이의 홈에 끼운 후 작업자 방향으로 당기면 빠져 나온다.

일러스트 및 블라인드 설치 협조 소울데코 www.souldeco.co.kr

DIY 03
갤러리처럼 액자 걸기

와이어 액자걸이는 액자를 바꿔 걸 때마다 새로 못질을 할 필요가 없고 액자 크기에 따라 위치를 자유자재로 조정할 수 있어 편리하다.

준비물
천장용 레일(주문 시 재단 및 나사못 구멍 타공을 요청하면 편리하다), 천장용 레일고리, 벽면용 레일, 벽면용 레일고리, 쇠톱, 무선전동드릴, 나사못, 직결나사, 사포(220방 사용), 네임펜

설치 전 확인 사항
천장 레일은 벽면이 시멘트로 되어 있어 나사못 박기가 쉽지 않거나 천장에 레일을 매입할 수 있는 커튼박스나 천장 몰딩 사이에 틈이 있는 경우 선택한다. 벽면 레일은 벽면이 합판이나 석고보드일 경우 혹은 다소 무거운 하중의 액자를 걸어야 할 때 선택하면 된다.

PART 1 천장용 레일 설치

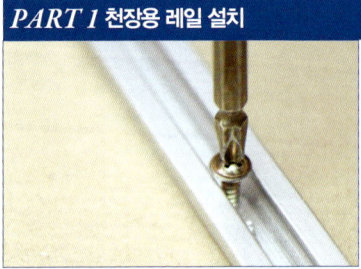

01 직결나사로 구멍 뚫기
길이에 맞춰 레일을 주문했다면 절단 작업 없이 설치에 들어갈 수 있다. 나사못 박을 위치를 뚫기 위해 레일 안쪽에 직결나사를 놓고 전동드라이버로 구멍을 뚫어준다. 레일 양쪽 끝과 가운데 총 3개(50cm에 한 개 간격)를 뚫는다.

02 천장용 레일 뒷면 연마하기
구멍을 뚫은 후 레일 뒷면을 보면 구멍 주변으로 찌꺼기 등이 붙어 있다. 레일 부착 시 들뜰 수 있으니 사포로 연마한다.

03 천장용 레일 부착하기
정해놓은 위치에 레일을 놓고 구멍에 나사못을 끼워 전동 드라이버로 고정한다.

04 천장용 레일고리 끼우기
레일고리의 볼트를 잡아당긴 상태에서 고리의 머리를 레일 폭에 끼우고 볼트를 돌리면 고정된다.

05 와이어 길이 조절하기
끝부분의 볼트를 돌려 푼 다음 원하는 길이만큼 와이어를 당겨 조절하고 볼트를 다시 조이면 된다.

06 천장용 레일에 액자 걸기 완성

PART 2 벽면용 레일 설치

01 벽면용 레일 설치 길이 확인하기
설치 길이를 맞추기 위해 벽면에 미리 대 본다. 표시할 땐 네임펜이나 사인펜 등을 활용한다.

02 쇠톱으로 자르기
쇠톱은 손잡이쪽 날이 누워야 한다. 즉 밀 때 강하게 힘을 주고 당길 때는 살짝 힘을 빼며 움직인다. 자른 면은 날카로울 수 있으니 사포로 연마한다.

03 벽면용 레일에 나사못 박기
벽면용 레일에 구멍을 뚫은 다음(천장용 레일 참고), 턱이 나온 부분을 아래로 향하게 한 뒤 나사못을 끼우고 전동드라이버로 고정한다.

04 벽면용 레일고리 걸기
레일이 고정되면 레일고리의 7자형을 원하는 위치에 걸어 준다.

천장부착형 원뿔형 걸이 설치
레일 없이 간단하게 액자를 걸 때는 원뿔형 걸이를 사용한다. 단 하중이 3kg 이상 나가는 액자는 두 개의 와이어를 사용하는 등 신중을 기한다.

1 와이어 머리 고정하기
와이어 머리의 하단을 돌리면 분리된다. 상부 머리(동그라미 부분)를 원하는 위치에 대고 나사못을 삽입해 드라이버로 박는다.

2 레일고리 연결하기
돌려서 분리한 나사형 볼트만 조이면 와이어가 연결된다. 길이를 조절해 액자를 걸어준다.

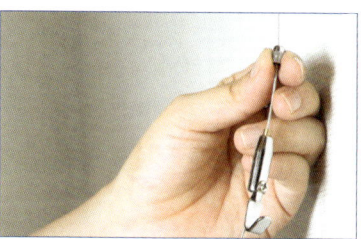

05 와이어 길이 조절하기
끝부분의 볼트를 돌려 푼 다음 원하는 길이만큼 와이어를 당겨 조절하고 볼트를 다시 조이면 된다. 남은 와이어는 동그랗게 감아 깨끗하게 묶어준다.

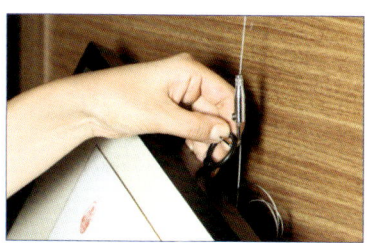

06 액자 걸기 완성
무게가 많이 나가는 액자는 두 개의 와이어로 고정하면 한결 부담이 적다.

DIY 04
방문 손잡이 교체하기

방문 손잡이가 덜렁이거나 삐걱거려 제 기능을 못하고, 자꾸 문이 스스로 잠겨 열쇠를 찾는 일이 잦아진다면 손잡이를 교체할 시기다. 간단하게 새로운 손잡이로 바꾸는 방법.

준비물
바형(레버형) 방문 손잡이, 잠금해제핀, 잠금버튼, 나사못, 캐치박스, 캐치, 레치 고정판, 레치(문이 닫히게 해주는 부속), 사각축(회전축), 전동드라이버, 십자드라이버

PART 1 레버식 손잡이 해체

01 나사못과 잠금장치 제거
손잡이 덮개의 위와 아래 나사못을 전동 드라이버로 풀어주고, 잠금장치는 시계 반대방향으로 돌려서 뺀다. 양쪽 손잡이를 잡아 빼면 자연스럽게 해체된다.

02 레치 고정판 빼기
레치 고정판의 나사못을 빼고 십자드라이버나 송곳 등을 이용해 고정판을 벗긴다.

03 손잡이 해체 완료
고정판을 벗기고 그 안의 레치는 손으로 잡아 뺀다.

PART 2 원형 손잡이 해체

01 손잡이 해체 준비
방문의 안과 밖 어느 쪽에서 작업해도 상관없다. 우선 작은 구멍에 들어갈 뾰족한 공구를 준비한다. 송곳, 클립, 이쑤시개 등을 활용해도 된다.

02 손잡이 돌려보기
손잡이를 쥐고 돌리다 보면 작은 홈 안에 내부 축이 보일 때가 있다. 송곳이 들어갈 구멍이 나타날 때까지 이리저리 돌려본다.

03 손잡이 제거하기
구멍이 나오면 송곳으로 누른 채로 손잡이를 잡아당긴다. 반대편 손잡이도 동일한 방법으로 빼낸다.

04 부분 해체하기
원형 덮개는 시계반대방향으로 돌려서 뺀다. 반대쪽 손잡이는 덮개를 따로 빼지 않아도 된다(6단계에서 손잡이가 분리될 때 함께 빠진다).

05 레치 제거하기
레치 고정판의 나사못을 드라이버를 이용해 풀어 제거한다.

06 원형 손잡이 해체 완료
손잡이 본체를 고정하고 있는 나사못을 위와 아래 모두 풀어주면 손잡이 회전축이 자연스럽게 빠진다.

PART 3 새로운 손잡이 조립 방법

손잡이를 해체하는 방법을 역순으로 하면 조립할 수 있다. 단, 회전축과 잠금장치 방향, 문을 어느 쪽으로 열고 닫는지 방향을 생각해 착오 없이 작업한다.

레치 방향 구분하기
레치에는 잠금 장치가 들어갈 원형 홈이 나 있다. 방문을 어디에서 잠글 것인지를 결정하고 잠그는 쪽에 원형 홈이 향하도록 레치를 삽입한다. 대부분 방의 안쪽에 원형 홈이 위치한다.

01 레치 삽입하기
방향에 맞춰 레치를 삽입하고 레치 고정판을 덮는다. 고정판 위아래 구멍에 나사못을 박는다.

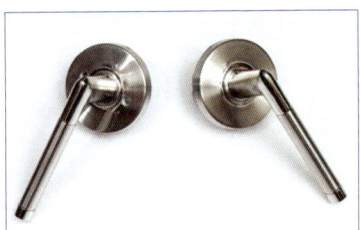
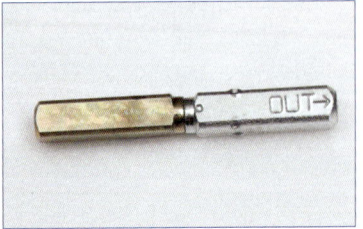

02 손잡이와 사각축(회전축) 준비하기
손잡이와 사각축을 준비한다. 사각축에는 안과 밖(IN 또는 OUT)이라고 적혀 있는데 레치의 금색과 은색에 맞춰 동일한 색을 끼우면 된다. 잠금 장치 구멍과 위아래 나사못 구멍이 있는 손잡이(좌측)가 잠그는 쪽에 달리게 된다.

03 사각축(회전축) 삽입과 나사못 고정
사각축을 방향에 맞춰 끼우고 양쪽 손잡이를 동시에 끼워 넣는다. 잠그는 쪽 손잡이 덮개에 나사못을 박으면 반대쪽 손잡이도 함께 고정된다.

04 잠금장치 끼우고 완성
잠금 장치를 시계 방향으로 돌려 끼우면 새로운 방문 손잡이가 장착된다.

05 캐치박스 갈기
캐치박스가 낡고 녹이 슬었다면, 기존의 캐치박스를 제거한 부위에 새로운 캐치박스를 끼우고 캐치를 씌워 나사못을 박는다.

DIY 05
낡은 방충망 갈기

방충망 교체 과정은 의외로 단순해 준비물만 갖춘다면 저렴한 비용으로 직접 교체해 볼 수 있다. 날카로운 부분에 손이 다치지 않도록 유의하여 작업한다.

준비물
방충망(스테인레스, 알루미늄, 폴리에스테르(나일론) 소재로 나뉜다. 알루미늄 방충망이 가장 보편적으로 사용되지만 해충들이 붙으면 산화현상으로 구멍이 생기거나 잘 찢어질 수 있어 수명이 길지는 않다), 망 밀대(작업 로울러), 일자 드라이버, O형 가스켓(방충망 프레임의 상하좌우를 모두 합친 길이 이상으로 준비한다), 가위

PART 1 낡은 방충망 제거하기

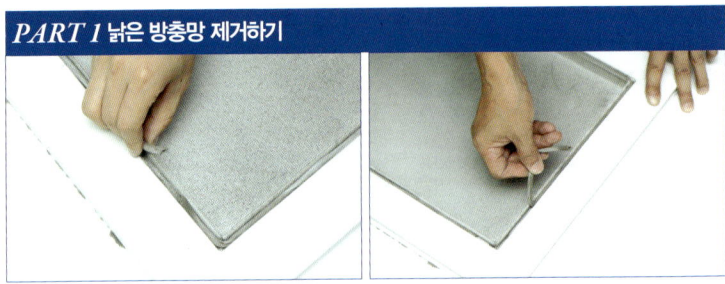

01 창틀에서 방충망 떼어내고 낡은 가스켓 제거하기
창틀에서 방충망 프레임을 분리한다. 프레임의 양쪽을 잡고 위로 올리면서 아래를 바깥쪽으로 밀면 쉽게 떼어낼 수 있다. 낡은 가스켓을 제거할 때는 방충망과 방충망 프레임 틈 사이에서 가스켓 끝자락을 찾아 천천히 뽑아낸다. 가스켓 끝자락은 끊어져 있거나 겹쳐 있는 부분을 찾으면 된다.

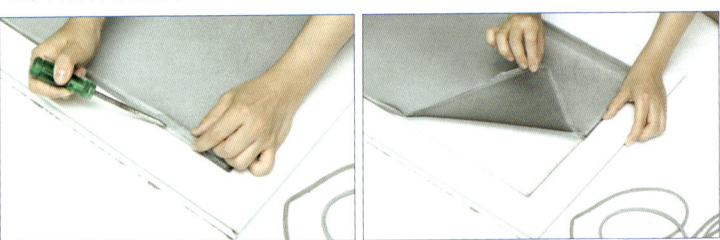

02 낡은 방충망 제거
십자드라이버 등을 이용해 프레임에 고정된 방충망 끝자락을 들어 올려 잡아당긴다. 끝이 날카로우니 주의한다. 방충망에 붙은 먼지나 이물질들이 떨어질 수 있으므로 바닥에 신문지 등을 대고 작업한다.

PART 2 새로운 방충망 끼우기

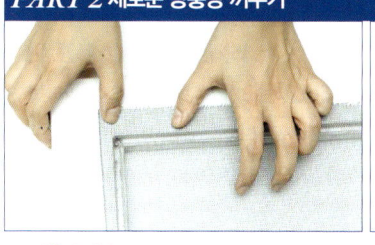 

01 방충망 재단
한쪽은 방충망 프레임 쪽으로 1.5~2cm 여유를 두고(전체 4면 중 2면), 반대편 쪽은 8~10cm 정도 여유를 두고 가위로 잘라준다. 추후 방충망 자투리 제거 시 8~10cm 여유가 있는 쪽만 가위로 잘라내면 된다.

02 방충망 끼우기
망 밀대를 이용해 방충망 프레임의 틈에 방충망을 끼워준다. 밀대의 두 가지 로울러 중 얇은 것(민자로 된 것)을 이용해 깊숙하게 눌러주면서 방충망 위치를 잡는다. 자칫하면 방충망이 찢어질 수 있으니 주의한다.

03 모서리 칼집내기
모서리 부분의 방충망은 가위로 칼집을 내서 겹치지 않게 한 뒤 일자 드라이브나 뾰족한 것을 이용해 밀어 넣는다.

04 가스켓(gasket) 고정하기
망 밀대 중 단 차이가 있는(계단식으로 된) 로울러를 이용해 가스켓을 고정시킨다. 힘을 주어 가스켓을 밀어 넣으면서 밀대를 계속 굴려준다.

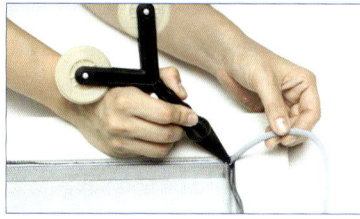 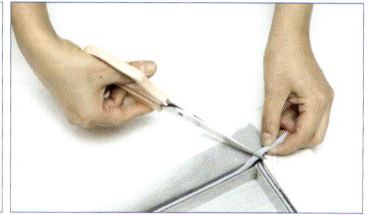

05 모서리 굴리기
망 밀대의 뾰족한 끝으로 가스켓을 힘껏 눌러주면서 그대로 모서리를 돌아 삽입한다. 직선 부분은 망 밀대의 로울러를 이용하여 계속 굴려준다.

06 가스켓 마무리
가스켓을 모두 삽입했으면 끝부분을 자른 후 망 밀대의 뾰족한 끝으로 눌러 단단하게 고정시킨다.

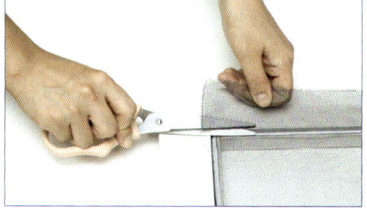 

07 방충망 자투리 제거
방충망의 남은 면은 가위로 깔끔하게 잘라낸다. 손이 찔릴 위험이 있으니 장갑을 끼고 작업하는 것을 권한다.

08 방충망 교체 완료
양쪽 방충망 프레임을 잡고 위쪽을 끼운 뒤 아래는 바깥쪽에서 안쪽으로 잡아 당겨 끼운다.

DIY 06
전기 스위치 및 콘센트 교체

손때가 묻어 누렇게 변한 스위치와 안쪽으로 먼지가 껴 지저분해 보이는 콘센트를 교체하는 것만으로도 집안이 깔끔해진다.

준비물
전기 스위치, 전기 콘센트, 일자드라이버, 십자드라이버

전기 작업 전 주의사항
작업 전에는 누전차단기를 OFF로 닫아둔다. 얇은 면장갑을 끼고 그 위에 고무로 코팅된 장갑(일명 목장갑)을 껴 감전에 대비한다. 손에 땀이 차지 않도록 하고 발 아래에도 물기가 없는지 살핀다.

PART 1 전기 스위치 교체 과정

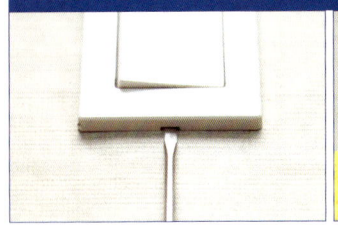
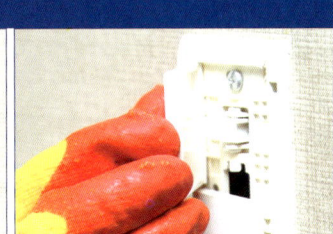
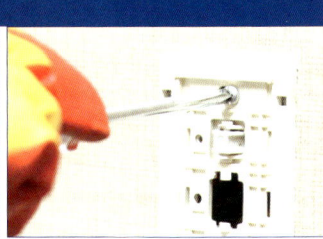

01 스위치 플레이트(뚜껑) 분리
스위치 플레이트(뚜껑) 하단을 보면 작은 홈이 있다. 여기에 일자드라이버를 끼워 가볍게 들어 올리면 플레이트가 쉽게 분리된다.

02 스위치 제거
스위치들은 탈착 방식으로 본체에 붙어 있기 때문에 손으로 잡아당기면 쉽게 분리할 수 있다.

03 본체 분리
십자드라이버를 이용해 위와 아래의 나사못을 시계반대방향으로 풀어준다. 일자드라이버를 벽과 본체 사이에 넣고 본체를 떼어낸다.

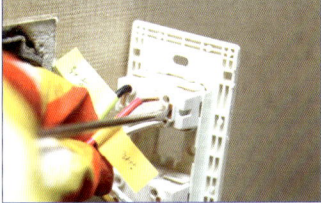

04 연결 전선 확인
새로운 스위치와 연결할 때 헷갈리지 않도록 이름표를 붙이거나 사진을 찍어 둔다. 사진에서는 붉은색이 공통선, 전기 스위치 본체 내에서 연결된 흰색 선이 점프선, 나머지 다른 색의 선들이 각각의 조명 기기로 가는 선이다.

05 전선 분리
직사각형 형태의 홈을 일자드라이버로 세게 누르면 피복된 안쪽의 구리선이 나온다. 강한 힘을 주어야 구리선이 한 번에 빠진다. 전선의 피복이 벗겨지거나 구리선이 상한 부위라면 펜치로 끊은 뒤 피복을 벗기고 새로 연결시킨다.

06 스위치 분리 완성
점프선은 남겨둔 채 벽체 전선과 전기 스위치 본체가 모두 분리된 모습이다.

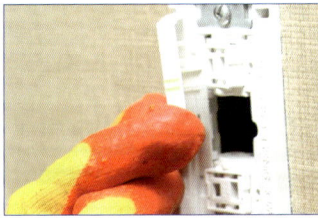

07 새로운 스위치 전선 연결
새로운 전기 스위치 본체에 구리선을 끼운다. 한 번에 깊숙이 넣으면 알아서 전선이 물린다. 피복 부위까지 최대한 가깝게 끼워 구리선이 보이지 않게 한다.

08 전기 스위치 본체 벽면에 고정
전기 스위치 본체를 벽면에 고정하고 위와 아래의 나사못을 시계방향으로 조인다. 위와 아래의 스위치를 끼운다.

09 전기 스위치 교체 완성
스위치 플레이트(뚜껑)를 덮고 탁 소리가 나게 결합되면 완성이다.

PART 2 전기 콘센트 교체 과정

01 콘센트 플레이트(뚜껑) 분리
전기 콘센트 아래쪽 중앙에 틈이 있다(아래쪽 좌우 끝에 2개의 틈이 있는 경우도 있다). 위로 살며시 젖혀주면 플레이트가 쉽게 분리된다.

02 전기 콘센트 본체 분리
십자드라이버를 이용해 위와 아래의 나사못을 시계 반대방향으로 풀어준다. 본체의 양쪽을 잡고 밖으로 조심스럽게 당겨 꺼낸다.

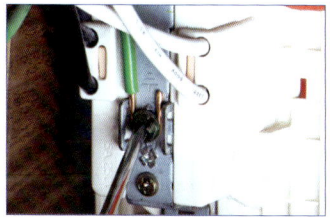 

03 접지선 분리
콘센트 본체 뒷면을 보면 녹색 전선이 나사못과 연결되어 있는 것을 볼 수 있다. 이는 접지선으로 전기선이 낡아서 벗겨졌을 때 전류가 흘러 자칫 누전이 발생할 수 있는 상황을 방지하는 역할을 한다. 오래된 건물이나 초기 전기 공사를 제대로 하지 않은 집에는 접지선이 연결되지 않은 경우도 있다. 드라이버를 이용해 녹색 전선과 연결된 나사못을 시계 반대방향으로 조금 풀어 녹색 전선을 분리한다.

04 전선 분리
전선이 연결된 부위 바로 옆에 직사각형 형태의 홈(동그라미 부분)이 나 있다. 이곳을 일자드라이버로 세게 누르면 피복된 안쪽의 구리선이 빠져 나온다.

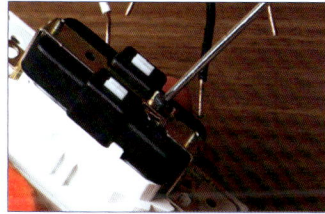 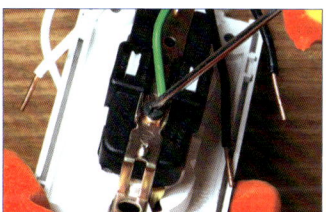 

05 새로운 콘센트에 접지선 연결
새로운 전기 콘센트 중앙의 나사못을 풀고 녹색 접지선(제품에 따라 노란색인 경우도 있음)을 연결하는 과정이다. 위치를 잘 잡고 나사못을 드라이버를 이용하여 다시 단단하게 조인다.

06 전선 연결
전선의 기존 위치와 똑같이 본체에 새로 끼운다. 한 번에 깊숙하게 넣으면 알아서 전선이 물린다. 구리선이 보이지 않도록 깊숙하게 끼워야 한다.

07 콘센트 본체 연결과 완성
전기 콘센트 본체를 벽에 부착한다. 위의 나사못을 먼저 조이다가 아래 있는 나사못을 홈 구멍에 맞추고 나사못 둘 다 움직여가며 남은 부분을 조인다. 플레이트(뚜껑)를 덮으면 완성이다.

TIP
전기 콘센트 중에는 녹색 접지선도 본체에 직접 꽂아 연결하는 제품도 있다. 다른 전선들과 마찬가지로 녹색 버튼 옆의 구멍에 녹색 접지선을 삽입해 연결하고 뺄 때는 녹색 버튼을 드라이버로 눌러 빼는 방식이다. 구멍이 두 개인 이유는 간혹 접지선이 두 개 있는 경우도 있기 때문이다.

6 item
생활을 바꾸는 아이디어 용품

모르고 살아도 문제는 없지만, 알게 되면 삶을 윤택하게 하는 아이디어 상품들. 꽁꽁 숨겨둔 채 나만 누리고 싶은 그저 놓아두기만 해도 공간을 빛내 줄 아이템을 소개한다.

나만 알고 싶은 철물 하드웨어

인테리어를 하다보면 보기에 좋은 마감재나 데코 소품 위주로 챙기게 마련이지만, 막상 살다보면 아주 사소한 것들이 삶의 편의를 좌우한다. 그중 안 써본 사람은 있어도 한 번만 써본 사람은 없다는 철물 하드웨어.

1 부드럽게 멈추는 도어 스토퍼

실용성은 물론 보기에도 좋은 자석도어 스토퍼. 문을 열면 바닥에 부착한 납작한 철물과 문짝의 철물이 자성으로 서로를 부드럽게 잡아당기는 원리로 문이 안전하게 멈춘다.
LICKOO www.yoycart.com

2 손끼임 방지, 목문 슬라이딩 시스템

댐퍼가 있는 슬라이딩 시스템은 문이 닫힐 때쯤 저절로 속도가 줄어 손끼임 사고를 방지할 수 있다. 롤러와 레일에 기름칠을 하지 않아도 매끄럽게 열리고 닫혀 중격으로 인한 소음이 없다.
도무스메탈 www.domusmetal.co.kr

3 원하는 만큼 여는 상부 수납장

상부 수납장 개폐 시 사용감이 부드러운 프리 플랩. 나사를 조이는 정도에 따라 원하는 각도의 높이에서 도어를 스톱할 수 있고, 일정 높이 이하가 되면 유압식 댐퍼가 작동해 자동으로 닫힌다.
헤펠레 www.hafele.co.kr

4 공간을 200% 사용하는 모서리 수납장

죽어있는 공간까지 살리는 르망 하이보드. 기둥 역할을 하는 두 개의 철물에 선반을 이동시키는 지지대를 부착해 선반을 수납장 밖으로 꺼낼 수 있게 돕는다. 각 선반은 25kg까지 버틸 수 있어 주물냄비도 거뜬하다.
헤펠레 www.hafele.co.kr

5 냄새 막는 배수 트랜치

하수구 냄새와 벌레 유입을 막아주는 제품. 도무스메탈의 트랜치는 물이 내려갈 때만 수압으로 트랩이 열려 배관의 냄새를 방지한다. 트랩은 높이가 조절되고 탈부착도 가능해 세척이 용이하다.

도무스메탈 www.domusmetal.co.kr

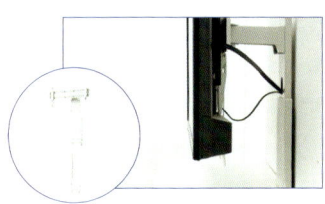

6 터치 하나로 여는 서랍 레일

이보다 더 편리할 순 없다. Push to open 언더레일은 서랍 전면을 눌러주기만 하면 부드럽게 열려 양손에 물건을 들고 있어도 간편하게 수납할 수 있고 손잡이가 필요 없어 모던한 디자인을 구현한다.

헤티히 www.hettich.com

7 구멍 내지 않는 TV회전 브래킷

벽에 구멍을 내지 않고 사용할 수 있는 TV회전 브래킷. 좌우 상하 각도 조절이 가능하며 TV 아래의 케이블과 연결 책 등을 깔끔하게 감추는 전선관리시스템은 전기선을 쉽게 찾을 수 있게 도와준다.

이케아 www.ikea.com/kr/ko

8 내 눈높이에 맞추는 시스템키친

높은 위치의 찬장은 손이 닿지 않아 그만큼 활용도가 떨어지는데, 파나소닉의 소프트다운 시리즈는 손잡이를 잡고 당겨만 주면 높은 선반이 아래로 내려와 간편하게 꺼낼 수 있다.

파나소닉 www.jb-company.co.kr

9 마이너스 몰딩에 간접등 시공까지

구체로부터 띄운 마감재 위에 간접조명을 설치하기 위해서는 현장에서 별도의 제작공정이 필요하다. 나사못을 사용해 간단하게 시공할 수 있는 마이너스시스템은 시공성이 좋고 원가도 절감할 수 있다.

㈜키마산업 www.minussystem.com

알면 이득, 다재다능 페인트

페인트를 단순히 마감재로만 알고 있다면 오해다. 결로 보완으로 곰팡이 방지 효과 뿐 아니라 칠판이 되거나 노출콘크리트 질감을 구현하는 등 공간을 더욱 풍부하게 만드는 다기능 페인트.

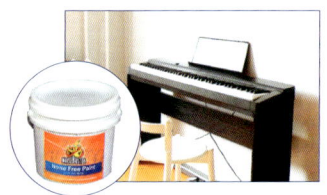

1   층간소음 완화 페인트

공동주택은 층간소음으로부터 자유로울 수 없다. 특히 아이가 있다면 더욱 신경쓰일 터. 소음에너지와 진동이 발생하면 저수준의 열로 변화하여 부착표면에 넓게 방산, 방음·흡음 및 약간의 단열 효과도 지닌다.
노이즈페인트 www.noisepaint.co.kr

2   3D 영상도 호환되는 스크린 전용 페인트

TV 대신 슬라이드를 설치해 필요할 때만 영상을 관람하는 집이 늘고 있다. 스크린 전용 페인트 중 3D 영상과 호환되고 4K 수준의 고화질 영상도 수용하는 제품도 있다. 마스킹 작업이 필요 없는 것 역시 큰 장점.
PAINT-ON-SCREEN www.paintonscreen.com

3   컬러풀한 칠판 페인트

칠판 페인트는 이미 익숙한 제품이지만, 녹색과 검정색 위주의 타사 제품들과 달리 4천 여 가지 컬러 연출이 가능하다. 레시피를 기록하는 냉장고 문이나 현관문, 아이방 서랍 등에 많이 사용된다.
벤자민무어페인트 www.benjaminmoore.co.kr

4   못 박지 않고 꾸미는 이색 캔버스

아이 있는 집이라면 자석 칠판은 필수. 자리를 차지하는 비싼 칠판 대신 페인트로 꾸며보자. 나노입자 형태의 철가루가 포함돼 있어 도장하면 자성을 갖는 원리로, 칠판 페인트 또는 다른 색상의 페인트로 마감한다. VOC(휘발성유기화합물) 농도가 낮아 친환경적이다.
마그나매직 www.magnamagic.com

5 부식 효과에 탁월한 페인트
빈티지나 클래식 스타일에 어울리는 메탈릭 인테리어. 금속이나 철물을 직접 사용하는 대신 페인트로도 그 고유의 부식 효과를 낼 수 있다. 프라이머 도포 후 메탈페인트로 도장하고 패티나 액티베이터로 부식효과만 주면 끝.

모던마스터즈 www.modernmasters.com

6 노출콘크리트 표현하는 페인트
노출콘크리트 시공은 부담스럽고, 시트나 패널은 인위적인 느낌이 나서 싫다면 페인팅이 답이다. 큰 비용 없이 간단히 노출콘크리트 느낌을 살릴 수 있다. 붓 터치에 따라 다양한 패턴이 나타나 진짜보다 더 진짜 같은 분위기를 낸다.

인디페인트 www.idcsolution.net

7 건물의 최대의 적, 물로부터 지킨다
100% 라텍스 수성 친환경 방수페인트로 코팅력이 좋다. 물이 닿고 수분에 쉽게 노출되는 공간에 주로 사용된다. 알갱이 입자가 포함돼 칠하면 논슬립 기능도 더하며 라돈가스를 완벽히 차단한다.

UGL www.wallstay.com

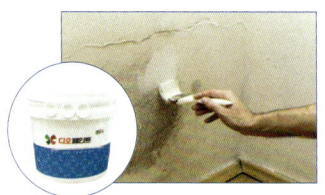

8 결로 보완에 탁월한 페인트
제대로 된 단열 및 기밀 시공이 우선이지만, 후속작업이 필요하다면 결로 보완용 페인트가 방법이다. 베란다 등 습한 공간의 결로를 방지해 곰팡이 발생을 막아주고 조습 기능도 있다. 결로가 발생하는 곳을 깨끗이 닦은 후에 작업한다.

디오페인트 www.dopaint.kr